나는 홈쇼핑에서
마케팅의 모든 것을 배웠다

이 책을 소중한

_____님에게 선물합니다.

_____ 드림

공격적이고 군더더기 없는 마케팅과 세일즈의 영업전술 교본

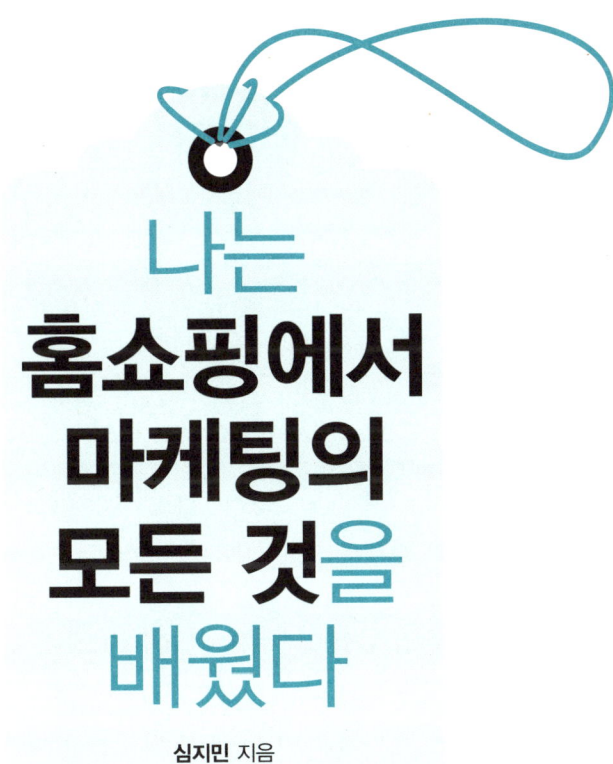

# 나는 홈쇼핑에서 마케팅의 모든 것을 배웠다

심지민 지음

위닝북스

# 꿈의 가치를
# 믿어라!

얼마 전, 한 공무원학원에서 면접 특강을 진행했다. 수개월에서 길게는 여러 해의 시험 준비를 거쳐 힘든 필기시험을 통과했고, 이제 면접만 합격하면 되는 학생들이었다. 나는 어떻게든 도움이 되는 이야기를 들려주고 싶어 강의시간을 훌쩍 넘겨가며 질문을 받고 개별 코칭을 해 주었다. 정해진 일정을 모두 끝내고 학원을 나서려는데 한 친구가 상기된 얼굴로 나를 붙잡고서는 이렇게 말했다.

"선생님이 봐 주셔서 너무 좋아요! 우리끼리 선생님 별명 지었어요. '카인드걸(kind girl)'이라고요! 항상 따뜻하게 받아 주셔서 감사했습니다."

그 말에 그동안의 피로가 싹 사라졌다. 내 말과 행동이 누군가에게 좋은 영향을 미칠 수 있다는 사실에 감사하다는 생각이 들었다. 부를 원한다면 더 많은 사람에게 기여하고, 행복을 원한다면 더 많은 사람을 도와야 한다는 말을 들은 적이 있다. 내가 돋보이려고 하는 행동보다 남을 돋보이게 해 주려 하는 행동이 결국 나를 성공의 길로 인도해 준다. 심지어 나의 가치 역시 더 많은 사람들의 문제를 해결해 줄 때 비례해서 커지는 법이다. 지난 10년간 치열한 방송 활동을 통해 깨달은 가장 큰 메시지 역시 이것이었다.

이 책을 펼쳐 든 당신은 방송인이 되고 싶은 사람일 수도 혹은 홈쇼핑의 세계에 궁금증이 있는 사람일지도 모르겠다. 처음 이 책을 쓰기 시작한 것은 방송인에 도전하면서 이리저리 부딪히며 불안한 마음 털어놓을 데 없던 20대의 나와 비슷한 경험을 하고 있을 친구들에게 조금이라도 도움이 되고 싶은 마음이 컸다. 또 홈쇼핑은 많은 사람들이 이용하는 유통매체임에도 불구하고 그에 관한 책은 그리 많지 않기 때문에, 홈쇼핑에 관한 궁금증 해소와 입문자들을 위한 지침서가 되길 바라는 마음으로 열심히 사례를 모으고 최대한 생생하게 풀어내기 위해 노력했다.

하지만 만약 당신이 앞서 말한 경우가 아니라도, 무조건 이 책을 읽어 보기를 권하고 싶다. 생뚱맞게 들리겠지만 진심으로 하는 말이다. 그만큼 이 책은 당신이 공감하고 위로받을 만한 한 여자의 꿈과 직업에 관한 절절한 성장 스토리를 담고 있다. 지금 내가 가고 있는 길이 맞는지, 나만 이렇게 힘든 것인지, 고민 아닌 고민이었던 당신의 이야기에 열과 성을 다해 고개를 끄덕여 줄 누군가가 필요하다면 이 책에 담긴 나의 이야기들이 충실한 적임자가 되어 줄 것이다.

이름만 대면 알 법한 방송국과 대기업을 박차고 나와 1인 기업에 도전한 나에게 그 이유를 묻는 사람들이 많다. 그럼 나는 반복되는 일과와 발전 없는 하루를 보냈던 과거보다 매일매일이 완전히 새로운 날, 새로운 프로젝트라 재미있고 긴장되는 요즘이 훨씬 행복하다고 대답한다. 물론 그런 내 말에 진정으로 공감하는 사람은 흔치 않다. 대부분의 사람들은 자기 자신이 진짜 원하는 것을 추구하는 것보다 남이 나를 어떻게 보는가를 더 중요하게 여기기 때문이다.

퇴사 전에 쓰기 시작한 이 책이 퇴사 후 1인 기업으로 자리 잡으면서 출간되니 참 신기하고 특별하게 느껴진다. 회사에 다닐 때는 업무에 치여서, 퇴사 후에는 새로운 콘텐츠를 만들어 내느라 바쁜 하루하루를 보냈다. 과연 내가 이 책을 써낼 수 있을까 불안한 마음이 들었던 적도 있다.

하지만 끝까지 포기하지 않고 써낼 수 있었던 것은 가족, 친구들의 응원과 격려 그리고 책 쓰기부터 작가가 가져야 할 마음가짐에 대해 지도해 준 〈한국 책쓰기 성공학 코칭협회〉의 김태광 대표 코치님 덕분이다. 작가가 되고 싶었던 나에게 끊임없는 영감과 메시지를 전해 준 멘토 덕분에 이 여정을 끝까지 완주할 수 있었다. 또한 〈위닝북스〉의 권동희 대표님과 직원분들에게도 진심으로 감사드린다.

"미래는 자신의 꿈이 가치 있는 것임을 믿는 사람들의 것이다."
내가 좋아하는 명언 중 하나다. 스스로 꿈의 가치를 믿어 주지 않는다면 미래도 내 편이 될 수 없다. 자신의 꿈이 어떤 가치를 갖고 있는지, 사람들과 세상에 어떤 영향을 미칠 수 있는지 늘 떠올려 보길 바란다. 그럼 지금 당신의 노력이 빛을 발하는 순간이 분명히 찾아올 것이다. 나는 그런 당신을 열렬히 응원하겠다.

2018년 5월
심지민

# 차례

프롤로그     — 4

**PART 1** 스물아홉,
홈쇼핑을 만나다

01 하고 싶은 일과 잘할 수 있는 일     — 15

02 10년 후 모습을 그려 보라     — 21

03 꿈이 있다면 일단 저질러라     — 27

04 자신감 하나로 도전하라     — 33

05 세일즈는 열정이다     — 39

06 꿈의 문을 두드려라     — 45

07 철저한 준비가 완벽한 방송을 만든다     — 52

08 걱정할 시간에 행동하라     — 58

**PART 2 자존심을 버리고 경험을 취하라**

01 멘토는 가까운 곳에서 찾아라      — 67

02 당신은 할 만큼 하지 않았다      — 73

03 겉으로 보이는 화려힘이 진부는 아니다      — 79

04 나의 유일한 경쟁자는 어제의 나다      — 85

05 강한 정신력이 기본이다      — 91

06 딱 3년만 견뎌라      — 97

07 믿으면 진짜 그렇게 된다      — 103

## PART 3 ▤ 고객의 마음을 사로잡는 7가지 기술

01 공감으로 고객의 마음을 움직여라 — 111

02 진심은 카메라 너머의 고객을 감동시킨다 — 117

03 리액션은 크고 분명하게 하라 — 123

04 부드러움이 강함을 이긴다 — 130

05 노력의 달인이 되라 — 136

06 냉정하게 준비하고 뜨겁게 방송하라 — 142

07 결국은 사람이다 — 148


## PART 4 ▤ 가치와 공감을 팔아라

01 고객의 감성을 터치하라 — 157

02 잘 팔리는 상품의 전략은 남다르다 — 163

03 잘나가는 쇼호스트들은 감성과 스토리로 판다 — 169

04 판에 박힌 프레임을 바꿔라 — 175

05 고객의 가슴 속에 가치를 각인시켜라      — 182

06 위기를 기회로 뒤집어라      — 190

07 잘 사는 사람이 잘 판다      — 197

08 셀러브리티 마케팅으로 변화를 모색하라      — 204

**PART 5 ‖ 나는 홈쇼핑에서 인생을 배웠다**

01 홈쇼핑은 나를 바꿔 놓았다      — 213

02 인생에 정답은 없다      — 219

03 나만의 색깔로 도전하라      — 225

04 완벽한 타이밍은 없다      — 231

05 위시리스트를 작성하고 시각화하라      — 236

06 준비 없는 삶에 미래는 없다      — 243

07 꿈이 있는 여자가 아름답다      — 250

08 나는 홈쇼핑에서 인생을 배웠다      — 257

# 스물아홉,
# 홈쇼핑을 만나다

# 01 하고 싶은 일과 잘할 수 있는 일

살아 있는 동안 행복하라. 죽어 있는 시간이 길 것이니.

**– 스코틀랜드 속담**

중학생 때부터 내 꿈은 아나운서였다. 백지연 앵커처럼 냉철하게, 정지영 아나운서처럼 따뜻하게 방송을 진행하는 아나운서 말이다. 나는 대학 입학 후, 넘치는 의욕으로 교내 방송반에 지원했다. 그 결과 당당히 합격해 교내 방송 아나운서로 활동했다. 그밖에도 방송국 공채 지원에 필요한 스펙을 차근차근 쌓아 나갔다. 만반의 준비를 갖춘 뒤 방송국 아나운서 시험에 도전했지만 결과는 매번 불합격이었다.

그제야 눈앞의 현실을 보게 되었다. 나보다 똑똑하고 예쁘고 말을 잘하는 지원자들이 너무나도 많다는 사실을 말이다. 가뜩이나 내성적이고 자신감이 별로 없는 성격이었던 나는 시험장에서 만난 경쟁자들의 미모와 실력에 주눅이 들기 일쑤였다. 처음에는

그래도 나를 알아봐 주는 방송사가 어딘가에 있을 거라는 생각
으로 마음을 다독였지만 결국 취업을 하지 못한 채 졸업을 하게
되자 아무리 노력해도 안 될 것 같다는 자조적인 생각이 들기 시
작했다. 이 모습을 옆에서 지켜보시던 부모님께서는 이제 그만 방
송인의 꿈은 접고 남들처럼 일반 회사에 취직하는 것은 어떻겠냐
고 하셨다. 덧붙여 내가 가진 능력은 어떤 일을 하든 분명히 빛을
발하는 순간이 올 테니 너무 한 가지 길만 고집하지 말라고도 하
셨다. 결코 틀린 말이 아니었다.

　계속되는 실패에 자존감은 낮아질 대로 낮아졌고, 아나운서
시험을 보기 위해 안정적인 일보다 시간제 아르바이트만 하다 보
니 경제적인 어려움 역시 나를 더 초라하게 만들었다. 부모님의
도움으로 학비 걱정 없이 대학을 졸업했으면 이제는 스스로 앞가
림을 해야 하는데, 계속 백수로 지낼 수는 없다는 생각이 들었다.
학교 취업지원실을 통해 안정적인 근무처가 있는지 알아보다가 지
역에 있는 대기업에서 사무직원을 뽑는다는 소식을 들었다. 공채
시즌에 뽑는 정규직 사원이 아니라 계약직 채용이었지만 연봉이
나 처우가 나쁘지 않았고 무엇보다 부모님께서 다 큰 딸 걱정하
실 일은 없겠다 싶어 서둘러 면접을 봤다. 나는 무난히 합격했고,
회사에서 제공하는 기숙사에 들어가게 되었다.

　그렇게 시작된 회사생활은 나에게 많은 것을 가르쳐 주었다.

이제까지 온실 속에서 얼마나 편하게 살아왔는지 뼈저리게 느꼈다. 회사는 조선, 해양, 플랜트, 건설장비 등을 주요사업으로 하는 중공업 기업으로, 한 부서 인원이 사무직과 생산직을 포함해 70~80명에 육박하는 대규모 조직이었다. 해양설비를 제작, 운송, 설치 및 시운전까지 담당하다 보니 생산현장은 늘 긴장감이 넘쳤다.

사내 분위기가 보수적이고 수직적 지휘체계를 갖추고 있어 초보 사회인이었던 나는 매일 살얼음판을 걷는 기분으로 근무했다. 사람을 대하는 것도, 문서업무 능력도 부족했던 터라 늦게까지 남아서 겨우 일을 마무리하는 경우가 많았다.

다행히 언제나 옆에서 업무를 가르쳐 주며 이끌어 주는 상사가 있어 버틸 수 있었다. 그리고 여직원들끼리 휴게실에 모여 업무 스트레스를 수다로 풀다 보면, 어느새 월급날이 돌아왔다. 월급통장에 찍히는 숫자를 보며, 부모님께 용돈을 드리며, 아무 생각 없이 실컷 놀면서 보낼 수 있는 주말에 만족하며 그렇게 1년이라는 시간이 지나갔다.

어느 정도 일에 적응하자 무료한 시간들이 찾아왔다. 그럴 때마다 마음속에 접어 두었던 꿈이 생각났다. 방송사 홈페이지에 들어가 채용공고가 올라오지는 않았는지 매일 정보를 찾았다. '언젠간 다시 도전해야지, 20대 꽃 같은 청춘을 이렇게 사무실에 처박혀 보낼 수는 없지'라고 다짐하며 말이다. 몸은 회사에 있었지만 마음은 다시 꿈을 향해 뛰고 있었다. 1년 전의 나약하고 자신감 없던 내가 아니었다. 현실에 타협해 잠시 다른 길을 걸었을 뿐, 다시 본래의 길을 걷겠다는 강인한 나를 확인할 수 있었다.

내가 방송을 하고 싶었던 가장 큰 이유는, 좋아하는 일을 직업으로 삼고 싶어서였다. 그런데 도전하는 와중에 그 본질이 흐려졌다. 많은 사람들이 되고 싶어 하니까 나도 꼭 되어야겠다는 욕심, 스포트라이트를 받는 화려한 아나운서가 되고 싶다는 욕망이 앞선 것이다. 하고 싶지 않은 일을 직업으로 가지고 나니, 방송인이라는 꿈이 나에게 얼마나 소중했는지 깨달았다.

나는 지체하지 않고 다시 도전했다. 마침 울산MBC에서 DJ를 모집한다는 공고를 보게 되었다. 지역공중파 방송국의 라디오 프로그램 진행자. 라디오 방송을 좋아했던 나로서는 더없이 좋은 기회였다. 오디오테스트와 면접을 보러 가던 날, 오랜만에 꿈을 향한 도전을 한다는 사실에 가슴이 두근거리고 행복했다. 방송국에 도착하니 경쟁자 중에 베테랑 진행자도 있어 살짝 긴장되었지만, 막상 스튜디오에 들어가 원고를 읽고 면접관들과 대화하다 보니 긴장은 눈 녹듯 사라지고 열정이 샘솟았다.

나의 방송에 대한 열정과 간절한 마음이 통했다. 합격이었다. 드디어 그렇게 염원했던 방송 진행자라는 꿈이 이루어진 것이다. 다니던 회사에 당당하게 사표를 제출하고 방송국으로 출근하던 그 짜릿한 순간은 아직까지 잊을 수가 없다. 원하던 일을 직업으로 갖게 된 기쁨이 이런 것일까? 포기하지 않고 도전한 결과였고 온전히 스스로 이루어 낸 결실이었기에 보람은 말할 수 없이 컸다.

흔히 '하고 싶은 일'보다 '잘하는 일'을 직업으로 삼는 것이 좋다고 말한다. 하지만 나는 하고 싶은 일을 우선으로 하라고 말하고 싶다. 하고 싶은 일이 잘하는 일이 되는 데 걸리는 시간을 참을 수 있다면 말이다. 나 역시 하고 싶은 일에 끊임없이 도전하다가 실패하고 대안으로 선택했던 직장생활은 남들이 보기에 안정적이었을지 몰라도 스스로에게 너무나도 불행한 시간이었다.

신입사원 4명 중 1명은 1년 내에 퇴사한다는 충격적인 뉴스를 본 적이 있다. 우리나라에서 손꼽히는 대기업에서도 이 현상은 예외가 아니다. 실제로 주변에 사원, 대리급의 동료들이 퇴사하면서 가장 많이 하는 말이 "뭘 위해서 이렇게 열심히 일을 해야 하는지 모르겠다. 지금이라도 내가 진짜 원하는 삶을 살아보려 한다."였다. 아무도 응원해 주지 않아도, 눈앞에 큰 이득이 없어 보여도, 인생을 끊임없이 살맛나게 만드는 것은 바로 꿈이다.

단풍 든 숲속에 두 갈래 길이 있었습니다.
몸이 하나니 두 길을 가지 못하는 것을 안타까워하며,
한참을 서서 낮은 수풀로 꺾여 내려가는 한쪽 길을
멀리 끝까지 바라다보았습니다.

그리고 다른 길을 택했습니다.

똑같이 아름답고, 아마 더 걸어야 될 길이이라 생각했지요.

풀이 무성하고 발길을 부르는 듯했으니까요.


(중략)


오랜 세월이 지난 후 어디에선가

나는 한숨지으며 이야기할 것입니다.

숲 속에 두 갈래 길이 있었고, 나는

사람들이 적게 간 길을 택했다고

그리고 그것이 내 모든 것을 바꾸어 놓았다고.


로버트 프로스트의 시 〈가지 않은 길〉이다. 20대뿐만 아니라 30대에 접어들어서도 계속해서 두 갈래 길에서 고민할 일이 생긴다. 그때마다 과감히 가고 싶은 길을 선택했던 철없는 나, 꿈꾸던 나의 모습을 떠올린다. 그 길을 선택해 결국 성공했느냐는 중요하지 않다. 오늘도 하고 싶은 일을 하면서 하루하루를 충만하게 채워가고 있는 사람이 승리하는 법이니 말이다.

# 02

# 10년 후 모습을
# 그려 보라

부의 격차보다 무서운 것은 꿈의 격차다.
불가능해 보이는 목표라 할지라도 그것을 꿈꾸고 상상하는 순간 이미 거기에 다가가 있는 셈이다.

**– 에이브러햄 링컨**

　　예전에 TV에서 〈미래일기〉라는 예능 프로그램을 보고 깜짝
놀란 적이 있다. 미래의 어느 하루를 살아보는 콘셉트로, 연예인
들이 노인으로 특수 분장한 뒤 가상의 노년에 접어들어 삶을 돌
아보는 모습이 인상적이었다. 아마도 미래 여행을 통해 현재의 소
중함을 일깨워 주고자 하는 취지였겠지만, 나에게는 조금 다른 의
미로 다가왔다.

　　사람은 누구나 늙고, 인생은 유한하다. 오늘 내가 보낸 하루가
쌓여 나의 미래가 되는 것인데, 왜 미래를 내다보지 못하고 무의
미하게 하루하루를 보내는 것일까.

　　현대 직장인들의 삶을 쳇바퀴 속 다람쥐에 비유하는 경우가
많다. 아침에 눈을 뜨면 회사에 가서 9~10시간 이상을 보낸 뒤

피곤한 몸을 이끌고 집에 들어가 휴식을 취한다. 이런 습관적인 하루가 반복되면 미래의 나는 행복해질 수 있는 것인지 스스로에게 물어봐야 하지 않을까 하는 생각이 들었다.

나의 20대는 '도전' 그 자체였다. 끊임없이 뭔가를 배우고 시험을 보고, 새로운 꿈이 생기면 다시 박차고 일어나 도전을 시작했으니 말이다. 부모님은 왜 한 가지 일을 꾸준하게 오래 하지 못하고 쉽게 그만두느냐고 했지만, 어쩔 수 없었다. 항상 미래의 내 모습을 상상하면서 꿈의 지도를 그려 보면 '계속 머물러 있을 것인가, 아니면 힘들어도 새로운 도전을 할 것인가'에 대한 답이 금방 나왔다. 한창 예쁜 나이였던 스물일곱 살, 아나운서로 일하며 안정적으로 회사를 다니고 있던 그때도 마찬가지였다. 특별할 것 하나 없는 일상을 보내다가 문득 10년 후 내 모습을 상상하니 이런 그림이 펼쳐졌다.


나이 37세, 두 아이의 엄마, 임신과 출산으로 인해 회사를 그만둬 경력 단절 상태다. 초등학생, 유치원생 자녀의 뒷바라지에 집안일까지 하느라 자신을 챙기는 것은 엄두도 못 내고 있다. TV를 보며 엄마도 20대에 잘 나가는 전문 방송인이었다고 자랑스러운 일화처럼 이야기하지만, 거울에 비친 모습에서는 반짝반짝 빛나던 그 시절 모습은 찾아볼 수 없다. 이대로는 안 되겠다 싶어 다시 일을 시작하자 마음먹지만, 방송을 하기엔 너무 오래 쉰 데다 나이도 많고 다른 일에 도전하기엔 늦지 않았나 하는 두려움이 앞선다.

충분히 일어날 수 있는 일이다. 직업이 주는 기쁨과 보람이 적고, 투자하는 시간과 노력 대비 소득이 따라오지 않는다면 가족을 위해 일을 그만두는 것을 합리화하게 될 것이다. 사랑하는 사람과 결혼해 아이를 낳고 가정을 꾸리는 것은 세상 그 무엇과도 비교할 수 없는 가치 있는 일이지만, 그것이 한쪽의 희생으로 이루어진 것이라면 결코 아름답게 볼 수만은 없다.

그동안 방송에 쏟은 열정이 얼만데, 잘나가는 커리어우먼이 되어 있어도 모자랄 판에 아이와 가족만 바라보다 자신의 정체성을 잃어버린 모습이 10년 후의 나라니. 더 이상 가만히 있을 수 없었다. 10년 후 전문가로서 당당히 그에 걸맞은 몸값을 받고, 나아가 일과 가정의 밸런스를 잘 조율할 수 있도록 준비가 필요하다는 것을 깨달은 것이다. 그렇다면 지금 나에겐 어떤 경험이 필요할까 고민이 시작되었다.

애플의 창업자이자 혁신의 아이콘인 스티브 잡스는 생전에 스탠퍼드대학에서 졸업연설을 한 적이 있다. 자신이 지금의 애플을 일궈내기까지 경험한 인생의 충격적인 사건들을 들려주며 '점들을 연결하는 것의 중요성'에 대해 언급했다. 어렵게 시작된 양부모와의 인연, 대학에서 자퇴하고 돈이 없어 여기저기 빌붙어 다니던 시절의 일화 그리고 우연히 듣게 된 서체수업까지. 지금껏 호기심과 직관만을 따라 저질렀던 일들이 시간이 지나서는 값진 경험이 되었다고 말했다.

"여러분들은 현재 여러분이 찍는 점이 언젠가 여러분의 미래에 연결된다는 것을 알아야 합니다. 여러분은 무엇이든 믿어야 합니다. 배짱, 운명, 인생, 인연 무엇이라도 좋습니다. 왜냐하면 현재의 점이 미래로 연결된다는 믿음은 여러분에게 자신의 마음을 따라 살아갈 자신감을 줄 것이기 때문입니다. 그 점들이 여러분 모두가 가고자 하는 길에서 벗어나도록 이끌 때조차도. 그리고 그것이 인생의 모든 차이를 빚어냅니다."

남들이 뭐라고 하든, 지금 내가 찍으려 하는 점이 먼 훗날 내 인생 그래프의 변곡점이 되어 줄 것이라 믿고 행동해야 한다는 것이다. 물론 막연히 10년 후를 그리기보다 3년, 5년, 7년, 10년으로 시기를 나눠서 상상하는 것이 좋다. 그래야 보다 구체적으로 목표를 세워 자신이 원하는 미래의 모습에 다가갈 수 있기 때문이다.

국가나 기업을 운영할 때 빼놓을 수 없는 것 중 하나가 바로 '미래전략'이다. 말 그대로 미래사회를 전망하고 각 분야별 대응전략을 세우는 것을 의미한다. 개인에게도 이 개념을 그대로 적용할 수 있다. 뿐만 아니라 전체를 내다보는 큰 그림, 즉 '빅 픽처'를 설정해 놓는다면 당장의 실패나 시련에 좌절하지 않고 보다 긴 호흡으로 인생 마라톤을 여유 있게 즐길 수 있을 것이다. 나는 내 인생의 빅 픽처를 이렇게 그려 봤다.

"전문가로 인정받고 이로 인해 사회에 선한 영향력을 행사하며 롱런하는 사람이 되자."

이렇게 큰 그림을 설정하니, 내가 잘하는 일은 방송 진행이지만 나 말고도 잘하는 사람들이 너무 많은 데다 롱런하기 힘든 분야라는 생각이 들었다. 나만의 특색이 있어야 하고, 시간이 흘러도 뒤처지지 않도록 경쟁력을 갖춰야 했다.

지금까지 방송을 진행하며 쌓은 커리어, 즉 점들이 연결될 새로운 점을 무엇으로 찍어야 하는가. 나는 과감히 직업과 환경을 바꾸기로 결심했다. 지금껏 해 왔던 일만 반복하는 것은 새로운 점을 찍는 데 전혀 도움이 되지 않을뿐더러, 낯선 사람들과 익숙하지 않은 곳에서 얻는 경험이야말로 스스로 성장할 수 있는 힘이 될 것이라 믿었다.

한창 고민하고 있을 때 도움이 된 책 중 아리카와 마유미의 《서른에서 멈추는 여자 서른부터 성장하는 여자》가 있다. 저자는 평범한 안정을 원하지 말고 불안한 변화를 선택하라고 이야기한다.

"현대사회는 놀라운 속도로 변화하고 있습니다. 그런데도 '이 정도면 됐어'라며 그 자리에 멈춰 서 있으면 안정감을 지속하고 싶어지고 그러다 보면 계속해서 앞으로 나아갈 수 없어집니다. 나는 정말 죽을 만큼 노력하는데 왜 제자리에 멈춰 서 있다는 것일까요. 자신을 한번 돌아봅시다. 열심히 일하는 것이 그냥 습관인 것은 아닌지, 그리고 그것이 그저 반복되는 모습은 아닌지. 서른은 안정보다 변화를 선택해야 하고, 선택할 수 있는 마지막 시기입니다."

직장생활을 하다 보면 온갖 불평불만을 쏟아내면서도 현실에 안주하는 사람들을 쉽게 볼 수 있다. 10년이 지난 후 자신의 모습을 한번 그려 보면 어떨까. 그 모습이 자신이 원하는 모습인지, 꿈꿔왔던 삶인지 생각해 본다면 지금 어떤 행동을 취해야 하는지 답이 나올 것이다.

# 꿈이 있다면
# 일단 저질러라

그대는 인생을 사랑하는가? 그렇다면 시간을 낭비하지 말라.
왜냐하면 시간은 인생을 구성한 재료니까.

**– 벤저민 프랭클린**

　나는 무언가에 꽂히면 바로 실행으로 옮기는 스타일이다. 특히 배우고 싶은 것, 도전하고 싶은 것이 생기면 처음에는 정확한 정보를 수집하는 데 주력하고, 이후 주변 사람들에게 조언을 구한 뒤 마지막으로 내 생각을 정리해 바로 결정을 내린다.

　홈쇼핑 방송 도전기도 그렇게 시작되었다. 지방에서 기업 사내 방송 아나운서로 일하며 자리를 잡아가던 찰나, 이렇게 20대 후반을 보내는 것이 맞는지 회의감이 들었다. 아나운서가 꿈이었고, 공중파 아나운서까지는 아니어도 지역공중파 MC, DJ 경험을 살려, 안정적인 사내 방송 아나운서가 되었으면 어느 정도 목표를 달성한 것이 아닌가. 그럼에도 계속해서 들려오는 마음의 소리는 나를 고민하게 만들었다.

'여기서 멈추면 안 돼! 더 도전해. 너는 더 크게 될 사람이야!'

결국 나는 일을 저지르고야 말았다. 서울에서 가장 유명하다는 쇼호스트 아카데미에 찾아가 상담을 받은 후, 바로 수강 등록을 하고 만 것이다. 어째서 아나운서가 아닌 쇼호스트를 선택했을까.

아나운서, MC, DJ, 리포터 등은 디테일한 업무의 차이 외에는 크게 봤을 때 업무적 특성이 비슷한 편이다. 쇼호스트 역시 생방송을 진행하고, 외모가 호감형이며, 목소리가 안정적인 부분에서 아나운서와 비슷한 구석이 많다. 하지만 결정적으로 다른 것은 그 역할이 전달자냐 판매자냐 하는 부분이다.

아나운서는 전달자다. 뉴스나 교양프로그램, 정보프로그램 등에서 소개되는 다양한 사회적 이슈, 정보, 인물 등에 대해 정확하고 신속하게 시청자에게 메시지를 전달하는 것이 아나운서의 주 업무다.

반면 쇼호스트는 유통채널인 홈쇼핑을 통해서 제품을 판매하는 것이 주 업무다. 아무리 전달력이 좋고 아는 것이 많다 해도 판매결과가 저조하다면, 당연히 쇼호스트로서의 역량이 떨어진다고 볼 수밖에 없다. 바로 이 부분 때문에 많은 아나운서 지망생들이 쇼호스트로의 도전을 어려워한다.

그럼에도 내가 쇼호스트 도전을 결심한 가장 큰 이유는 전문직으로 인정받으며 40대 이상이 되어서도 방송을 할 수 있다는 것 때문이었다. 40대 이상의 연륜 있는 여자 아나운서가 공중파 인기 프로그램이나 메인 뉴스의 진행을 맡은 것을 본 적이 있는 가? 손에 꼽을 정도다. 라디오가 아닌 TV 방송에서는, 방송 진행력에 있어 흠잡을 것이 없는 베테랑 아나운서보다 진행력이 좀 떨어지더라도 젊고 예쁜 아나운서를 기용한다. 그래야 시청률을 잡을 수 있다는 것이 방송계의 불문율이다.

그런데 홈쇼핑에서는 매출이 곧 결과다. 무조건 해당 제품을 가장 잘 이해하고, 고객을 가장 잘 설득할 수 있는 베테랑 쇼호스트가 필요한 것이다. 그러다 보니 채널을 돌렸다 하면 나오는 각 홈쇼핑사의 대표 쇼호스트들은 20대보다 30~40대가 대부분이다. 내가 도전을 시작한 나이가 20대 후반이었으니, 열심히 노력하면 30대에 홈쇼핑 분야에서 인정받는 쇼호스트가 될 수 있을 것이라고 생각했다. 매출에 대한 압박이 두렵긴 했지만, 실력만 갖춰진다면 매출은 자연스레 따라올 것이라 믿었다.

당시 내가 다니던 회사는 울산에 있었고, 쇼호스트 아카데미는 서울이었다. 합격도 하지 않았는데 회사를 그만둘 수는 없으니, 주말반에 등록했다. 평일엔 직장인, 주말엔 학생이 되어 일과 홈쇼핑 입사 준비 두 마리 토끼를 다 잡으려 노력했다. 몸은 무척 힘들었지만 마음은 그 어느 때보다 즐거웠다. 나는 초등학교부터 대학 졸업 후 사회생활까지 더하면 꼬박 20여 년을 고향인 울산에서만 지내서 그런지, 서울에 가서 다양한 경험을 쌓고 싶다는 욕망이 컸다. 주말이면 아카데미에 가서 쇼호스트 선생님들을 만나고, 다양한 개성으로 똘똘 뭉친 동기들과 함께 연습에 연습을 거듭했다. 이렇게 미래의 모습을 그리며 보내는 모든 순간이 가슴 두근거리는 일들의 연속이었다.

때마침 쇼호스트 공채가 열렸다. 서류심사, 1차 자기 소개 및 카메라 테스트, 2차 프레젠테이션(PT) 면접, 3차 임원 면접까지 길고 까다로운 공채 과정이 기다리고 있었지만 열심히 준비한 만큼 패기 있게 도전했다. 그런데 문제는 시험 일정이었다. 사내 방송 아나운서의 특성상 평일 근무는 뺄 수가 없는데, 시험 일정이 떡하니 평일로 잡혀 있는 것이었다.

'여기까지 온 이상, 일정 때문에 도전을 멈출 수는 없어. 피치 못할 사정이라고 이야기하고 무조건 시험 보러 가자!'

함께 일하는 동료들은 나의 도전을 응원하고 배려해 주었다. 그래도 너무 눈치가 보이고 죄송스러웠다. 그리고 결국 올 것이 왔다. 내가 쇼호스트 시험을 보러 다닌다는 것을 사장님이 알게 된 것이다. 사장님은 내가 오래오래 함께 일했으면 하는 마음이 있으셨던지라 서운한 마음이 크셨다. 나도 회사에 불만이 있어서라기보다 내가 더 잘하고 빛나는 일을 하기 위해서 쇼호스트 준비를 했던 터라 그저 죄송한 마음뿐이었다. 아니나 다를까, 사장님은 다른 곳에 시험 보러 다니는 사람을 계속 일하게 할 수 없으니 결단을 내려달라고 하셨고, 나는 결국 회사를 그만두었다.

이렇게 퇴사까지 하며 도전했던 쇼호스트 공채 결과는 안타깝게도 불합격이었다. 나는 PT 면접에서 말도 안 되는 수준으로 버벅거렸고, 장점이라고 생각했던 목소리는 갈라지고 불안정했다. 제대로 된 도전은 처음이라 그랬다고 스스로를 다독여 봐도, 패배감이 느껴지는 것은 어쩔 수 없었다.

부모님의 걱정과 잔소리도 어마어마했다. 시집갈 나이가 된 딸이 회사를 관두고, 지방에서 서울로 쇼호스트 시험을 보러 다닌다는데 어느 부모가 좋아하겠는가. 그래서 또 하나의 결단을 내렸다. 울산에서의 생활을 정리하고 서울로 가는 것이었다.

아무리 꿈이 있다면 일단 저지르라지만, 내가 저지른 일 중에 가장 무모하고 겁 없던 행동이었다. 월급 받으며 열심히 부었던 적금을 모두 해지하고, 그래도 모자라 엄마에게 돈을 빌려 보증금 500만 원을 만들었다. 신림동의 5평이 되지 않는 원룸에서 나의 첫 서울살이가 시작되었다.

독립했다는 기쁨도 잠시, 이제 뭐 먹고 살아야 하나 걱정과 고민이 밀려들었다. 처음 4~5개월 정도는 퇴직금으로 버틸 수 있었다. 하지만 얼마 되지 않는 퇴직금에서 월세와 생활비가 빠져나가고 나니 수중에 남은 돈이 거의 없었다. 심지어 나는 쇼호스트에 도전 중이었다. 시험을 보려면 비싼 돈 주고 메이크업도 받아야 하고, 세련된 스타일로 옷도 사 입고 가야 하는데 당시 내 상황은

밑 빠진 독에 물 붓기였다. 엎친 데 덮친 격으로 본격적으로 도전하려니 공채는 가뭄에 콩 나듯 하고, 그나마 열린 채용에서는 보기 좋게 서류심사에서 미끄러지기 일쑤였다.

이런 위기 상황에서 내가 포기하지 않을 수 있었던 것은 힘이되어 주는 부모님과 친구들이 있었기 때문이다. 그리고 우울할 때마다 집 근처 대형 서점에서 몇 시간씩 책을 읽으며 마음을 위로하곤 했다. 특히 쇼호스트 출신 1인 기업가 임희영의 《여자 스물일곱 너의 힐을 던져라》, 정신분석 전문의 김혜남의 《서른 살이 심리학에게 묻다》를 읽으며 마음의 위안을 얻고, 다시 도전할 용기를 얻을 수 있었다.

나는 꿈의 힘을 믿는다. 꿈은 한 사람의 성격과 행동을 바꾸고, 결국은 인생을 바꾼다. 무모하리만큼 겁 없던 나의 상경기와 도전 스토리는 모두 꿈에서 비롯된 것이다. 만약 내가 잃을 것이 많다며 도전을 포기했더라면 지금의 내 모습도 없고, 이 책을 읽고 있는 누군가에게 저지르라고 단호히 이야기하지도 못할 것이다. 당장은 아깝게 느껴질지 몰라도, 꿈에 한 발짝 다가가기 위한 단계라면 기꺼이 감수해야 한다. 나는 당시 내가 가진 것들을 내려놓고 기꺼이 바닥부터 다시 시작하기로 한 결단에 후회는 없다.

혹시 꿈이 있는데 도전할까 말까 망설이고 있는가? 저지르지 않는다면 꿈도 당신에게 기회를 주지 않는다는 사실을 명심하라.

## 04 자신감 하나로 도전하라

모든 사람들의 마음속에는 좋은 소식이 있다. 바로 자기 자신이 얼마나 위대해질 수 있는지,
얼마나 많은 사랑을 베풀 수 있는지, 얼마나 많은 것들을 이룩할 수 있는지,
잠재력이 얼마나 큰지 모를 만큼 한계가 없다는 것이다.

**– 안네 프랭크**

  서울로 오기 전, 나는 평일에는 아나운서로 직장생활을 하고, 주
말에는 쇼호스트 지망생이 되어 울산과 서울을 오가며 아카데미 수
업을 들었다. 아나운서 준비를 할 때 방송 아카데미를 다녀본 적은
있었지만 쇼호스트 아카데미는 또 다른 세계였다. 방송 아카데미에
서는 주로 복식호흡, 발성, 발음 훈련을 통해 목소리의 기본기를 다지
는 데 집중했다. 이런 기본기를 바탕으로 뉴스, 교양 등 다양한 프로
그램의 원고를 리딩하고 카메라 앞에서의 이미지를 점검하는 수업이
대부분이었다.

  반면 쇼호스트 아카데미는 처음부터 끝까지 PT, 또 PT였다.
말을 얼마나 맛깔나게 하는지 제품의 장점에 대해 얼마나 표현을
잘하는지가 핵심 과제였다. 매주 쇼호스트, 성우, PD들이 번갈아

가며 수업에 들어와 홈쇼핑에 대해 궁금했던 다양한 이야기를 들려주니 3~4시간이 어떻게 지나가는지 모를 정도였다.

우리 반을 담임선생님처럼 맡아 수업을 진행해 주신 쇼호스트는 바로 베스트셀러 《팔지 마라 사게 하라》의 저자인 장문정 씨였다. 그는 대기업 입사를 시작으로 여러 외국계 기업에서 유통, 마케팅 전문가로 10년 동안 일하다가 2005년부터 CJ오쇼핑의 쇼호스트로 활동했다. 2011년에는 1시간에 125억 원어치를 팔아 홈쇼핑 기네스를 세우기도 했다. 그는 어떻게 고객을 설득할 수 있었는지를 강의와 책에 녹여냈다. 매력적인 목소리와 화법으로 소비자들을 빠르게 유혹해 대박 매출을 달성한 쇼호스트에게 직접 PT 지도를 받으니 너무나도 신기했고, 한마디라도 놓칠세라 집중해서 수업에 임했다.

당시 그는 중앙대학교 신문방송대학원 광고학과에서 〈쇼호스트의 목소리가 소비자 행위에 미치는 영향에 관한 연구〉라는 제목의 논문을 발표한 바 있다. 그래서인지 수업에서 제대로 된 발성에 대해 강조했다. 좋은 발성은 자신감, 의지, 울림이 있어야 한다고 정의하며, 시청자가 들었을 때 가장 주의를 집중시키는 목소리를 낼 수 있도록 훈련했다. 복식호흡으로 들숨을 이용해 횡격막을 최대한 늘리고 발성하는데, 중요한 것은 이 소리에 실리는 울림, 즉 공명이다. 이는 성악가들이 노래할 때 저·중·고음부 할 것

없이 쫙 뻗어나가는 소리에서 듣게 되는 경우가 많다. 배우 중에서는 이선균 씨가 공명이 있는 목소리, 일명 '동굴목소리'로 불리기도 한다. 얼굴에 손을 대고 진동을 느끼며 다양한 문장을 읽어보고, 울림을 주는 톤을 기억해서 PT를 하면 목에 힘을 주지 않고도 시원하게 뻗어나가는 소리가 완성된다.

소리가 완성된 다음은 PT의 구조적(내용) 접근과 기술적(표현) 접근을 배웠다. 이 PT의 구성에 있어 꼭 지켜야 하는 기본이 있다.


첫째, 말은 간결해야 한다. 강조하고 싶을 때는 과감히 2어절로 끝내라. 조사나 접속사를 최소화하고 과감히 가위질하라.

둘째, 쉽게 이야기하라. 상대의 입장에서 상대의 언어로 이야기해야 한다.

셋째, 포즈(멈춤)를 주어라. 분위기 전환, 생각할 시간, 강조 등 다양한 순간 말을 멈출 필요가 있다.

넷째, 단순하게 하라. 메시지가 복잡할수록 고개는 못 알아듣는다. 메시지를 체에 걸러라.

다섯째, 흥미가 없는 것은 가치도 없다. 궁금증을 유발하고, 적절히 자극해 끌리게 할 수 있는 흥미요소를 꼭 넣어야 한다.


이 다섯 가지 원칙은 내가 PT를 짤 때 가장 중요하게 생각하는 부분이다.

또 수사법의 이론과 적용이 상당히 많은 부분을 차지했다. 수사학의 원래 의미는 '문장을 장식하는 수단'으로 우리의 말과 글을 아름답게 꾸미는 데서 시작되었다. 하지만 현대사회에서는 정확한 전달과 설득을 위한 모든 수단을 고찰하는 기능, 즉 말하는 기술로 인정되고 있다. 수사법의 비유, 강조, 변화, 소리 4가지 기법의 정의 및 예시를 보고 PT에 적용해서 다양한 문장을 만들었다.

## 1. 비유의 종류: 직유, 은유, 풍유, 의인, 환유, 의태, 돈어법 등

• 직유법으로 문장 만들어 보기

파운데이션이 피부에 착 밀착되니까, 보세요. 제 볼이 삶은 달걀처럼 매끈매끈하면서 광이 나죠!

• 은유법으로 문장 만들어 보기

냉장고는 엄마의 마음이에요. 신선한 음식 잘 보관해서 우리 가족한테 제대로 된 먹거리를 선사하고 싶은 주부의 마음 그 자체죠.

• 풍유법으로 문장 만들어 보기

등잔 밑이 어둡다더니, 우리 집에서 야금야금 새어나가고 있던 전기세가 밥솥에서 나갈 수도 있다는 사실을 몰랐던 거죠!

## 2. 강조의 종류: 과장, 반복, 영탄, 점층, 점강, 대조, 열거법 등

• 과장법으로 문장 만들어 보기

화질이 너무 선명하니까, 스포츠경기를 볼 때도 VIP관중석에

앉아서 보는 것처럼 리얼하고 생생하게 볼 수 있습니다.

- 반복법으로 문장 만들어 보기

10년의 기술력, 10가지 호환성분, 10번째 업그레이드 10, 10, 10을 기억하세요!

- 대조법으로 문장 만들어 보기

순간의 선택이 10년의 후회로 이어지지 않으려면 가전제품 브랜드를 꼭 보셔야 합니다.


**3. 변화의 종류**: 도치, 인용, 반어, 생략, 대구, 역설법 등

- 도치법으로 문장 만들어 보기

떠나세요! 나를 부르는 유럽으로~. 여러분의 여름휴가를 책임질 유럽여행 패키지를 소개해 드립니다.

- 반어법으로 문장 만들어 보기

요즘 우리 고객님들을 보면 정말 얄미워요~. 오늘처럼 좋은 조건을 기가 막히게 알아보고 구입하시니까!

- 대구법으로 문장 만들어 보기

영어는 너무 어렵죠. ○○○(영어교육 프로그램)은 너무 쉬워요.


**4. 소리의 종류**: 두음, 모음, 각운, 의성법 등

- 두음법으로 문장 만들어 보기

배 농축액을 더해 배로 맛있고 건강한 ○○두유

- 각운법으로 문장 만들어 보기

고치고, 만들고, 리폼하고! 인테리어의 처음부터 끝까지 공구세트 하나면 가능합니다.

- 의성법으로 문장 만들어 보기

고기 육즙이 쭉쭉 나오는 거 보이세요? 이렇게 순식간에 지글지글 제대로 구워집니다.

이렇게 연습해 보면 평소엔 생각지도 못했던 다양하고 창의적인 멘트들이 쉽게 만들어진다. 나 역시 처음에는 다소 경직되어 있고 추상적인 표현들을 많이 쓴다는 점을 지적받았다. 또 홈쇼핑을 자주 모니터하다 보니 쇼호스트들이 많이 쓰는 상투적인 표현들이 자꾸 튀어나왔다. 나는 최대한 직관적이면서 이목을 집중시킬 수 있는 창의적인 PT를 목표로 열심히 연습했다. 지금 생각해 보면 대학 입시 준비보다 더 열심히 공부하고 노력을 기울였던 것 같다. 넘치는 자신감과 열정이 있었기에 가능한 도전이었다.

이렇게 '배우고 실천하고 다시 피드백하기'의 과정을 반복하다 보면 결국은 내 것이 된다는 것을 깨달았다. 기존에 해 왔던 방송과는 비슷한 듯 다른 세계, 홈쇼핑 방송을 향한 꿈은 뜨거운 확신과 함께 영글어 가고 있었다.

# 05 세일즈는 열정이다

탁월한 사람은 평범한 사람보다 더 많이 실패한다. 더 많이 시작하며
더 많이 시도하고 더 많이 공격한다. 통달은 언제나 실패의 산 정상에 조용히 앉아 있다.
**– 에릭 그레이튼스**


사람들에게 직업을 소개할 때, 내가 홈쇼핑에서 제품을 판매
하는 일을 한다고 하면 하나같이 이렇게 말한다.

"나는 눈앞에서 팔아보라고 해도 못 팔겠는데, 어떻게 방송에
서 그렇게 덤덤하게 판매를 해? 대단하다, 정말!"

상시적으로 모르는 사람 앞에서 말만 하는 것도 쉽지 않은데,
심지어 그 사람을 설득해 제품을 판매한다는 것은 보통 일이 아닐
것이다. 나 역시 자신감 없고 소심한 데다 목소리도 작아 세일즈와
관련된 업을 가지리라곤 생각도 못했다. 그랬던 내가 지금은 방송
에서 목에 핏대를 세워가며 적극적으로 제품을 판매하고 있다.

내가 처음으로 경험한 세일즈는 백화점 판매 아르바이트였다.

수능시험을 치른 후, 빨리 사회에 나가고 싶어 찾아낸 아르바이트 자리였다. 많은 아르바이트 중에 그 일을 선택한 가장 큰 이유는 백화점은 시스템이 명확하고 쾌적한 공간이니 판매하는 일이 그렇게 힘들지 않을 것이라는 생각 때문이었다.

하지만 엄청난 착각이었다. 나는 스포츠웨어 소속이었고 겨울 시즌이라 점퍼를 주로 판매했는데 아무리 열심히 설명하고 가격이 싸다고 추천해도 고객들은 구입을 주저했다. 최대한 웃는 표정을 유지하며 친절하게 응대해도 대답도 하지 않고 휙 나가버리거나 마음에 드는 게 하나도 없다며 불만 섞인 목소리를 내기 일쑤였다. 상황이 이러니 당연히 일도 재미가 없고, 자신감도 떨어졌다.

당시 같은 매장에서 일했던 동료 중에 아르바이트가 아니라 정직원으로 근무하던 동갑내기 친구가 있었다. 그녀는 수능시험을 치지 않고 고등학교 졸업 후 계속해서 백화점에서 일하기 위해 직원으로 들어왔다고 했다. 그래서 그런지 판매도 야무지게 잘했다. 특히 스무 살답지 않은 정갈하고 꼼꼼한 메이크업과 하나로 단정하게 묶은 헤어스타일이 인상적이었다.

어느 날 왜 꼭 메이크업과 헤어를 그렇게 해야 하냐고 물어봤더니 그녀는 이렇게 대답했다.

"우리 주 고객이 40~50대인데 그분들을 설득하려면 절대 어려 보이면 안 돼. 외모만 봤을 때 '이 사람은 베테랑이구나' 하고 안심이 되어야 구매하려는 마음이 생기거든."

세일즈의 기본은 판매하는 사람에 대한 신뢰라는 것을 그녀는 알고 있었다. 그때 처음 판매란 고객의 마음을 읽는 데서 시작한다는 것을 깨달았다. 지금껏 내 기준에서 좋은 제품을 선정하고 그걸 추천하는 데만 급급했으니, 고객이 구매하지 않는 것은 당연한 일이었다.

　　이후에는 고객이 뭘 원하는지에 집중해서 응대했다. 특히 중·고등학생 자녀를 둔 여성 고객들에게 요즘 학생들은 브랜드가 좋고 디자인이 예쁜 점퍼를 입고 싶어 한다는 점을 알려 주고, 신제품임에도 가격이 합리적인 제품들을 추천해 주었다. 그랬더니 응대하는 고객마다 흔쾌히 구매해서 판매기록을 세우는 일까지 생겼다. 고객이 내 말을 들어주고 제품까지 구입해 가는 것에 신나서 하루 종일 서서 일하면서도 힘들다는 생각이 들지 않았다. 이렇게 나의 첫 세일즈는 시작은 실수투성이였으나 결국 제대로 고객을 응대하는 법을 배운 소중한 경험이었다.


　　대학생활을 하며 간간히 판매 아르바이트를 하긴 했지만 오래한 적이 없었고, 본격적으로 사회에 나와서도 방송 진행 일만 쭉 해 왔으니 세일즈는 내 인생과 관련이 없다고 생각했었다. 하지만 방송생활을 하면 할수록, 그리고 쇼호스트가 되기 위해 홈쇼핑회사에 면접을 볼 때마다 문득 이런 생각이 들었다. 방송 진행은 나의 목소리와 이미지로 시청자의 마음을 사는 일이고 면접을 본다는 것은 '나'라는 상품을 어필하는 일종의 세일즈가 아닐까. 그렇다면 꼭 판매 업무를 하고 있지 않더라도 나도 모르는 사이 매일 세일즈를 하고 있는 셈이었다.

뉴욕 최고의 부동산 중개인인 프레더릭 에크룬드는 그의 책 《모든 것이 세일즈다》에서 이렇게 말하고 있다.

"세일즈맨은 다른 사람이 가진 것을 자신의 것과 교환하도록 설득하고, 영향을 미치며 납득시킨다. 휴가를 도쿄로 가고 싶은 남편에게 타히티로 가자고 설득하는 것과 다르지 않다. 우리는 뭔가를 하고 싶을 때 세일즈를 행동으로 옮긴다. 식당에서 더 좋은 자리를 얻기 위해 웃음을 팔고, 고객 서비스를 위해 친절한 말을 하며, 오래 지속되는 우정을 만들기 위해 정직함을 판다. 그것이 영업이다. 자동차 구매자의 돈이든, 직장 동료의 도움이든, 10대 자녀의 관심이든, 가장 친한 친구의 조언이든 누군가가 행동을 취하도록 동기를 부여하는 방법을 아는 게 세일즈다."

이처럼 우리의 모든 생활이 세일즈인데 판매에 대한 두려움을 가질 필요가 없지 않은가? 홈쇼핑도 마찬가지다. 제품에 대한 확신, 그리고 고객의 마음을 읽을 수 있는 힘이 있다면 충분히 잘 판매할 수 있다. 실제로 내가 홈쇼핑 방송을 하면서 깨달은 가장 중요한 세일즈 기법 세 가지가 있다.

첫째, 타깃 고객이 불특정 다수이므로 대중적으로 공감할 수 있는 내용으로 세일즈 토크를 짜야 한다. 1:1로 고객을 응대하는 시스템이 아니기 때문에 다수가 공감할 수 있는 내용으로 스몰토크를 하고, 다수가 전반적으로 느낄 수 있는 제품의 장점을 우선적으로 강조해야 하는 것이다.

둘째, 한눈에 봤을 때 매혹적이어야 한다. 패션제품이라면 옷을 입었을 때의 실제 핏, 음식이라면 한껏 신경 써서 차려낸 푸드 스타일링과 맛있게 먹는 사람들, 전자제품이라면 고급스러운 디자인과 편리하게 쓸 수 있는 주요 기능 시연 등 한눈에 고객이 제품의 장점을 파악할 수 있도록 해야 한다.

셋째, 이 제품을 썼을 때 어떤 변화가 생기는지 눈에 보일 듯 그려 내는 탁월한 말솜씨다. 사람은 누구나 어제보다 나은 오늘을 살고 싶어 힌다. 설사 그것이 옷 한 벌, 맛있는 요리 때문이더라도 말이다. 그러니 제품의 자랑만 늘어놓지 말고 고객이 듣고 싶어 하는 핵심, 즉 일상에 일어날 멋진 변화에 대해 생생하게 들려주어야 한다.

이 세 가지만 신경 쓴다면 내가 그랬듯 누구나 홈쇼핑에서 제품을 성공적으로 판매할 수 있다. 오늘부터 채널을 돌리다가 홈쇼핑을 보게 된다면 어떻게 고객을 유혹하고 있는지 살펴보라. 당신에게 꼭 필요한 세일즈 스킬을 발견하게 될지도 모른다.

나를 잘 아는 지인들은 홈쇼핑 방송을 하기 이전의 심지민과 이후의 심지민이 다른 사람 같다고 이야기한다. 홈쇼핑 방송을 진행하며 훨씬 더 열정적이고 자신감 넘치는 모습으로 변했다는 것이다. 특히 무언가에 꽂히면 반짝거리는 눈빛과 흥분된 말투로 변하는데 평소에도 홈쇼핑 생방송을 하고 있는 게 아닐까 싶을 정도란다. 소심하고 내성적이었던 내가 세일즈에 재미를 느끼며 180도 달라졌다. 판매란 열정 그 자체라고 생각한다. 제품에 대한, 고객에 대한, 그리고 매일 나아지는 자기 자신에 대한 열정 말이다. 어떤 장소, 어떤 상황이건 간에 판매하는 것을 두려워하지 말고 도전해 보자. 분명 자산이 될 수 있는 경험을 얻을 수 있을 것이다.

# 06 꿈의 문을 두드려라

열정적인 사람들은 다른 사람들에게 사기와 의욕을 불러일으킨다.
우리가 잘 아는 것처럼, 열정은 전염성이 있다.

**– 레너드 H. 로버츠**

나는 종교가 없다. 하지만 성경에 좋은 내용이 많아 용기를 얻고 싶거나 지혜로운 조언이 필요할 때 틈틈이 읽고 있다. 그중 가장 좋아하는 성경 구절은 마태복음 7장 7절이다.

"구하라, 그리하면 너희에게 주실 것이요. 찾으라, 그리하면 찾아낼 것이요. 문을 두드리라, 그리하면 너희에게 열릴 것이니."

두드리지 않는 자에게 신이라 한들 어떻게 답을 내줄 수 있겠는가. 끊임없이 원하는 것 앞에서 서성거리고 그에 관한 말을 하고 도전하다 보면 어느 순간 그 문이 열리는 순간을 경험하게 될 것이다.

백수로 상경한 후 내가 처음으로 하게 된 일은 SBS 라디오 기상리포터였다. 라디오라는 매체를 워낙 좋아했고, 프리랜서였기에 쇼호스트 도전과 병행하기에 안성맞춤인 일이었다. SBS 라디오를 듣다 보면 매시 30분마다 날씨와 생활 정보를 전해 주는 리포터의 목소리를 들은 적이 있을 것이다. 한 시간마다 날씨 원고를 직접 작성해 방송하고, 기상특보가 쏟아지는 날에는 라디오 프로그램 중간에 연결되어 청취자들에게 꼭 필요한 날씨 정보를 전하는 역할이다. 아침 6시부터 밤 12시까지 진행하다 보니 3교대로 근무했고, 나를 포함한 3명의 기상리포터가 한 달에 한 번씩 스케줄을 짜서 아침, 점심, 저녁 시간을 담당했다. 실시간으로 변하는 날씨 상황을 체크하기 위해 SBS의 스튜디오가 아닌 기상청으로 출근해 각 방송사별로 준비되어 있는 부스에 들어가 생방송을 진행했다.

이미 울산MBC에서 2시간의 생방송을 이끌어 간 경험이 있었지만, 전국 방송인데다 날씨 정보를 정확하고 신속하게 파악해 전달하는 일에 대한 부담감이 따랐다. 다행히 기상청에서 함께 근무한 각 방송사의 기상리포터 선배들의 도움으로 빠르게 적응할 수 있었다. 특히 KBS, TBS 기상리포터 중에는 10년 이상 방송을 담당하고 있는 베테랑 리포터들이 많아 그녀들의 날씨에 대한 지식, 원고 작성법 등을 보고 배운 적이 많다.

어느 날 라디오 프로그램 중간에 지역별 날씨 상황을 전달하게 되었다.

"오늘 날씨가 상당히 좋은데 미세먼지가 많다는 이야기도 있네요. 문자로 ○○○님께서 창원 지역의 날씨가 궁금하다고 하셨는데요. 글쎄요. 창원 지역의 날씨 상황 어떤지 창원에 계시는 분들 문자 보내 주시면 좋을 것 같습니다. 자 그럼, 기상청 연결해서 자세한 날씨 알아보겠습니다. 심지민 리포터!"

"네. 오늘의 낮 기온 평년과 비슷하고요. 전국적으로 상당히 쾌청한 날씨가 이어지고 있습니다."

신나게 준비한 원고를 쭉 읽고 무사히 생방송 연결을 끝냈다. 그런데 갑자기 부스 안에 있는 전화가 울렸고, 황급히 받으니 담당 PD가 화가 가득 찬 목소리로 나에게 호통을 쳤다.

"아니, 지금 뭐하는 거야? 청취자가 창원의 날씨를 물었잖아. 근데 기상리포터가 그걸 안 알려 주면 어떻게 해! 그럼 그걸 누가 알려 줘? 그거 하라고 본인이 있는 거 아니야? 생방송인데 이거 어쩔 거야!"

나는 민망함과 당황스러움에 죄송하다는 말만 거듭했다. 부스마다 있는 컴퓨터로 기상청 홈페이지에서 실시간 기상 정보를 확인할 수 있으니 갑작스러운 질문이었더라도 해당 지역을 얼른 검색해 정보를 전달했어야 하는 것이다. 준비한 것만 잘하는 데 급급했던 초보 리포터에겐 상상할 수 없는 일이었으니 PD의 불호령은 당연한 결과였다. 그렇게 혼쭐이 나고 힘이 빠져 휴게실에 나와 한숨을 쉬고 있으니 다른 방송사 리포터 동료들이 무슨 일이

나며 위로해 주기 시작했다.

그리고 베테랑 리포터들의 조언이 이어졌다. 날씨란 봄, 여름, 가을, 겨울 한 사이클만 돌아도 언제 어떤 변수가 생기는지 파악이 쉬워지니 처음 겪는 일에 너무 연연하지 말라고 했다. 어느 정도 예측 가능한 큰 그림만 파악이 되어도 방금처럼 돌발 상황이 생겼을 때 훨씬 여유 있게 대처가 가능하니 좀 더 공부하는 자세로 날씨를 살피라는 게 선배들의 결론이었다. 그래서 그런지 그녀들은 5~10분 만에 전국의 날씨 상황을 파악해 1분 동안 전할 원고를 뚝딱 완성한다. 그 경지에 오르기까지 얼마나 많은 노력과 열정이 있었겠는가. 무슨 일이든 전문가가 되기까지 꾸준한 공부가 필수라는 생각이 들었다.

쇼호스트 도전을 위해 기상리포터 생활을 오래하진 못했지만 시청자가 원하는 정보를 정확하고 신속하게 전해야 한다는 책임감, 변수가 많은 생방송 대응능력을 배울 수 있었다.

이후에 도전한 일은 강사였다. 일반인을 대상으로 스피치와 보이스 코칭을 전담하는 학원에서 일하게 되었다. 아무리 오랜 시간 방송을 했다 해도 사람들을 가르치는 일은 또 다른 과제였다. 내가 알고 있는 지식을 상대가 알기 쉽게 설명해 주고 그걸 적용할 수 있도록 도와주는 일은 상당한 인내를 요했다.

우선, 성인을 대상으로 스피치 교육을 하다 보니 젊은 강사가 뭘 알겠느냐 하는 의심의 눈빛과 무기력한 반응이 첫 번째 산이었다. 특히 사회생활에 오래 단련된 사람일수록 그런 자존심이 굉장히 센 편이다. 이럴수록 무조건 가르치는 자세로 다가가기보다는 상대를 칭찬하고 존중해 주면서 아쉬운 부분은 이 정도만 노력하면 완벽해진다고 설득하며 접근했다. 같은 이야기도 어떻게 전달하느냐에 따라 상대가 받아들이는 메시지는 천지 차이가 된다. 많은 강사들이 있었음에도 특히 심지민 강사가 나와 잘 맞는다고 말하는 수강생들을 보면서 이 방법이 주효했음을 느낄 수 있었다.

또 다른 산은 몇 달씩 스피치, 보이스 교육과정을 거치고도 스스로 노력하지 않아 발전하지 않는 사람들이었다. 학창시절처럼 시험을 보고 점수를 받는 방식이 아닌 자율적인 자기계발 수업이기 때문에 수업시간에 열심히 배운다고 해도 실생활에서 꾸준히 연습하지 않으면 아무 소용이 없다. 이런 학생들을 위해 끊임없이 피드백 메일과 문자를 보내 그들이 강사의 열정 때문에라도 노력할 수 있도록 동기부여시켰다.

나 역시 예전에 방송을 진행했던 영상을 보면 손발이 오그라들고 저렇게 못했었나 싶은 생각이 들 때가 많다. 하지만 보이스와 스피치 능력은 노력할수록 빛을 발한다는 것을 알기에 수업을 들었던 사람 하나하나 포기하지 않도록 멘토로서 이끌어 주고 싶었다.

이제까지 마이크 너머, 카메라 너머의 시청자들을 상대로 방송했다면 눈앞에 있는 사람들을 상대로 한 강사의 경험은 나에게 어마어마한 깨우침을 주었다. 특히 반응을 바로 확인할 수 있으니 상대가 무엇을 원하는지, 어떤 이야기를 어떤 분위기로 전달할 때 반응이 좋은지에 대한 답을 얻을 수 있었다.

그리고 드디어 기회가 왔다. 삼성전자에서 홈쇼핑 방송에 출연해 진행을 담당할 인력, 즉 전문 게스트를 뽑는다는 공고를 본 것이다. 망설일 이유가 없었다. 원했던 쇼호스트 공채는 아니었지만 지금까지 갈고 닦은 경험을 살려 홈쇼핑 방송을 진행할 수 있다는 것만으로도 충분히 가치 있는 도전이라고 생각했다. 자신감 있게 지원했고 면접을 보게 되었다.

면접은 제품 PT와 인성 면접으로 이루어졌다. 나는 냉장고에 관한 PT를 준비해 선보였으며, 면접에서는 오랜 시간 방송을 해왔고 회사생활도 해 본 내가 적임자라는 점을 강조했다. 이번에는 좋은 결과가 있을 것 같은 예감이 들었는데 아쉽게도 결과는 불합격이었다. 하지만 이제껏 수없이 많은 불합격 통보를 받아왔기에 크게 좌절하지 않았다. 실패했다기보다 목표를 이루기 위한 과정 중에 하나라고 생각했다.

그리고 몇 달 후, 한 통의 전화가 걸려 왔다.

"심지민 님, 안녕하세요. 삼성전자 한국총괄 인사그룹입니다. 면접 보신 직종에 TO가 생겨 다시 한 번 채용을 하게 되었습니다. 지난 채용 면접자들을 대상으로 면담을 진행하려는데 괜찮으신가요?"

계속해서 문을 두드린 결과였을까. 쇼호스트를 꿈꾸며 서울에 온 지 1년 1개월 만에 드디어 꿈꾸던 홈쇼핑 방송 진행을 할 수 있게 되었다.

사람은 스스로 꿈꾸고 실천하는 만큼 이뤄 낼 수 있다고 생각한다. 누가 강요해서가 아닌 스스로 열망하는 꿈, 그리고 그 꿈을 향해 할 수 있는 모든 노력을 다하는 집요함, 이 두 가지가 시너지를 일으켜 현실이 되는 것이다. 이 글을 쓰고 있는 지금도 나는 꿈을 행동화하고 있다. 두드려라. 무거워 보였던 그 문이 점점 열리는 기적은 당신의 몫이 될 것이다.

# 07 철저한 준비가
# 완벽한 방송을 만든다

모험적이고 흥분되는 것에 더 많은 안정이 있다.
움직이는 것에 생명이 있으며, 변화하는 것에 힘이 있다.

**— 알렌 코헨**


"마이크테스트요!"

"카메라 리허설 가겠습니다."

"여기 샘플 한 대 더 주세요!"

"PD님, 첫 디테일 풀로 가나요? 재평 언제 들어와요?"

"방송 1분 전입니다!"

방송 직전, 홈쇼핑 스튜디오에서 가장 많이 들을 수 있는 소리들이다. 막연히 생각해 봐도 홈쇼핑은 생방송이고 주문 상황이 어떻게 될지 모르니 시끌벅적하고 정신없을 것이라 여겨질 것이다. 실제로는 절반은 맞고 절반은 틀렸다.

홈쇼핑에서 소개된 적이 없는 아예 새로운 품목의 상품이나 최근에 출시되어 반응이 어떨지 모르는 신제품을 방송할 경우, 스튜디오는 방송 직전까지 아수라장이다. 몇 번의 사전 미팅을 거쳐 준비를 단단히 했음에도 현장에서 변수가 생길 수도 있고, 심지어 방송 중 콜 반응이 저조할 경우 PT 내용이나 시연을 수정해야 하는 경우마저 생긴다. 하지만 기존에 쭉 안정적으로 방송을 해 왔던 제품 그리고 그 제품을 늘 도맡아 진행해 온 PD와 쇼호스트라면 이야기가 달라진다. 방송 시작 직전까지도 수다를 떨며, 여유를 부려도 생방송은 매끄럽게 진행된다.

전문 게스트로 입사 후, 처음 홈쇼핑 방송 스튜디오에 갔던 것은 전문 게스트 선배들의 방송을 참관하기 위해서였다. 누가 누군지도 모를 정도로 많은 사람들이 스튜디오를 왔다 갔다 했다. 무대 세트가 어느 정도 완성되자 PD, 카메라감독, 음향감독, 디스플레이팀, AD 등 현장 스태프들만 남았다는 걸 알 수 있었다. 쇼호스트는 끊임없이 오늘의 주인공인 제품을 매만지며 생방송에서 말할 내용을 정리하고 있었는데 그 모습이 얼마나 멋져 보였는지 모른다. 홈쇼핑 초보인 나는 이 방송에서 판매해야 할 목표가 얼마인지, 어느 정도 달성해야 홈쇼핑사와 우리 회사 모두가 만족할 수 있는지를 생각할 여력이 없었다. 다만, 매출이 잘 나와야 한다는 부담을 안고도 의연하게 방송을 준비하고 노력하는 진행자들이 대단해 보였을 뿐이다.

천장에 있는 수많은 조명이 환하게 방송 진행자와 제품을 밝혀 주는 가운데, 온에어(On Air) 표시등에 빨간불이 들어 왔다. 카메라가 돌아가고 있다. 생방송이 시작된 것이다.

두 명의 진행자는 연신 기분 좋은 미소를 머금은 채로 오프닝과 함께 제품 소개를 이어 나갔다. 가전제품 방송을 오래 진행해 와서 고객의 가려운 부분을 정확히 알고 있는 쇼호스트는 쉴 새 없이 이 제품이 왜 좋은지, 왜 지금 사야 하는지를 강조했다. 옆에 있는 전문 게스트는 제품에서 꼭 강조해야 할 부분을 언급하고 쇼호스트의 질문에 기다렸다는 듯 대답을 해가며 완벽한 호흡으로 PT에 힘을 실어 주었다. 이제는 많은 사람들이 알고 있는 사실이지만 그래도 놀라운 것은 두 진행자의 모든 멘트는 대본이 아니라는 사실이다.

흔히들 예상할 수 없는 드라마틱한 일이 벌어지는 스포츠 경기를 묘사할 때 '각본 없는 드라마'라고 한다. 홈쇼핑은 그야말로 '각본 없는 생방송'이다. 가끔 홈쇼핑에서 근무하는 작가들을 볼 수 있는데, 그들은 생방송 진행 대본을 쓰지 않는다. 방송에 노출되는 세련된 자막, 자료영상의 섬세한 구성, 연출 등을 위해 스크립트를 작성한다.

그렇다면 어떻게 대본도 없이 저 많은 멘트를 외워서 한다는 말인가! 그런 점에서 생방송을 진행하는 방송인 중 가장 마인드가 담대하고, 진행력이 뛰어나야 하는 직업이 쇼호스트라고 할 수 있다. 생방송에 임할 땐 돌발 상황에 촉각을 곤두세우고 사소한 실수라도 발생하지 않도록 단단히 준비해야 한다. 홈쇼핑 진행자들은 시시각각 따라오는 콜 반응, 현재 판매수량을 염두에 둔 채로 남은 생방송 시간 동안 목표를 달성하기 위해 적절한 전략을 운용하며 달릴 준비까지 해야 한다.

대본 없이 홈쇼핑 생방송을 무사히 이루어 내기 위해서는 다양한 사람들의 노력이 필요하다. 제품 소개와 방송 전략을 위한 사전 미팅이 그 시작이다. 미팅에서 MD, PD, 쇼호스트(일명 방송 운영진)와 제품을 가지고 온 회사의 소속 직원들(삼성전자 전문 게스트인 나는 여기에 포함된다)이 만나 제품에 대해 토론하고 어떤 점을 어필할지 결정한다. 여기서 제품의 대략적인 정보와 소구 포인트를 방송 운영진 전원이 숙지하게 된다. 그리고 고객들을 몇 분 만에 유혹하기 위해 꼭 필요한 시연과 제품 연출을 짠다.

너무나도 먹음직스럽게 대게가 쪄 있는 모습을 보고 홀린 듯 주문한 적, 쇼호스트가 입은 청바지 핏이 너무 예뻐 나도 모르게 주문한 경험이 있는가? 홈쇼핑 전문가들은 그 제품이 어떤 상황과 모습일 때 가장 매력적으로 돋보일지 알고 있다. 순식간에 돌아가는 채널 경쟁에서 이기기 위해서는 비주얼로 사로잡는 것이 가장 확실하기 때문이다. 다양한 의견을 반영해 최종 결정된 효과적인 시연과 멋스러운 제품 연출 준비, 세련된 자료영상과 POP(Point Of Purchase), 소도구 제작은 제품을 가지고 온 회사의 몫이다. 모든 준비가 끝나고 방송 당일 최종적으로 직전 미팅의 시간을 갖는다. 그리고 이때 PT의 순서나 방송 심의상 유의사항, 타깃 고객층, 재핑 시간, 소구 포인트의 경중 등을 다시 한 번 공유한다. 이것이 대본 없이도 손발이 척척 맞는 생방송을 이끌어 가는 홈쇼핑의 비하인드 스토리다.

선배들의 사전 미팅을 따라다니고 생방송에 참관해 현장 분위기를 익히면서, 회사 내에서는 제품 지식과 조직 문화를 습득하는 OJT(On the Job Training)를 거치는 데 한 달 반이라는 시간이 걸렸다. 처음 회사에 입사했을 때는 얼른 생방송에 투입되고 싶은 마음이 굴뚝같았다. 하지만 드라마틱한 홈쇼핑의 세계를 몸소 체험하니 데뷔 방송을 마냥 늦추고 싶을 정도로 두려움이 더 크게 다가왔다. 혹시 생방송에서 내가 실수하게 되면 방송과 매출에 얼마나 큰 누를 끼칠까. 이미 너무나도 잘하고 있는 선배들이 있는데 초보인 내가 방송을 하러 간다고 하면 어느 누가 좋아할까. 생각하면 할수록 걱정투성이였다.

그럴 때마다 라디오생방송을 처음 진행했던 날을 떠올렸다. 나는 스물다섯 살 때 진행자로서의 첫 데뷔를 울산MBC 〈음악이 있는 오후〉라는 라디오 프로그램에서 했었다. 직접 대본을 쓰고 선곡하고 오디오 장비까지 만져 가며 2시간을 이끌어 나갔었다. 아직도 첫 생방송의 기억을 잊을 수가 없다. 혹시라도 내가 실수할까 봐 DJ 선배가 옆을 지키고 있었고, 떨리는 가슴을 부여안고 BGM에 맞춰 오프닝을 했다. 오프닝을 무사히 했나 싶었더니 이어서 사연과 음악을 소개하는 와중에 긴장감에 손도 떨리고 목소리도 떨렸다. 오죽하면 생방송 중 청취자로부터 이런 문자를 받았겠는가.

"심지민 씨. 처음이라 긴장한 건 알겠는데 숨소리가 떨리는 게 너무 잘 느껴져서 방송을 듣고 있기가 불안해요."

최대한 침착하게 웃으면서 첫 방송이라 부족한 점이 많으니 양해 부탁드린다고 말했지만, 쥐구멍에라도 숨고 싶은 심정이었다. 나는 매일 연습을 거듭하고, 생방송 공포증을 없애기 위해서 마인드컨트롤을 부단히 했다. 결국 한 달여 만에 방송 진행이 매끄럽고 목소리가 좋다는 청취자의 반응을 확인할 수 있었다.

시작도 하기 전에 겁먹지 말자. 쉽게 얻은 것은 쉽게 잃고, 어렵고 힘들게 얻어낸 것은 그 기쁨과 보람이 오래오래 남는 법이다. 나는 분명이 이뤄 낼 것이라고 다짐하면서 스스로에게 용기를 북돋우며 담대한 마음으로 홈쇼핑 생방송 준비에 박차를 가했다.

# 08 걱정할 시간에 행동하라

나의 홈쇼핑 생방송 첫 데뷔는 롯데홈쇼핑 청소기 방송이었다. 다행히 두 명의 베테랑 쇼호스트들과의 진행이라 역할이 적은 편이었고 매출 목표가 높지 않은 평일 오전 시간대라 부담이 덜했다. 청소기 방송은 설명보다 직접 청소하는 모습을 보여 주는 시연이 많고, 보급형 제품의 특성상 기능보다 가격 조건을 강조하는 경우가 많다. 이 날을 위해 한 달이 넘는 트레이닝 기간을 거친 만큼 실수 없이 잘하고 싶었다. 동료에게 쇼호스트 역할을 부탁해 같은 부서 직원들 앞에서 실전처럼 PT를 해 보기도 하고 아침부터 저녁까지 눈 뜨고 있는 내내 준비한 멘트를 주문처럼 계속 외웠다.

어느덧 그날이 다가왔다. 준비는 완벽했다. '긴장하지 말고 연습한 대로만 하자'라고 마음속으로 수없이 다짐했다. 드디어 생방송은 시작되었다. 65분이라는 시간이 어떻게 지나갔는지 모를 정도로 온 신경을 집중해 방송을 진행했다. 함께 방송을 진행한 쇼호스트들이 편안하게 멘트를 이끌어 주셨고 주문하는 고객들도 많아 어렵지 않게 매출 목표를 달성했다. 사후 미팅에서는 방송 내용과 진행자들의 호흡이 아주 좋았다며 전문 게스트로서 첫 방송인데도 잘했다고 칭찬해 주는 분위기였다.

그런데 특별한 실수 없이 무난히 방송이 끝났음에도 왠지 모를 아쉬움이 밀려왔다. 쇼호스트 두 분은 주부여서 그런지 고객이 청소기에서 느꼈을 불만사항이나 이 제품을 쓰면 청소가 얼마나 편해질지에 대해 수다 떨듯이 편안하게 고객에게 이야기했는데 난 그저 외운 대로 줄줄 말하기 바빴던 것이다. 고객의 입장에서 설득을 해야 하는데 그저 설명에 급급했다. 뭐가 문제였을까?

부끄러운 이야기지만 나는 집안 살림에 관심을 가져 본 적이 없다. 부모님과 함께 살 때는 엄마가 집안일을 다 하시니 나서서 하지 않았었다. 자취할 때도 밥을 해 먹는 게 귀찮아 외식하기가 일쑤였고, 청소나 빨래는 너무 밀려서 꼭 해야 할 때만 겨우 하는 정도였으니 고객들이 공감할 수 있는 생활 멘트들이 생각날 리 만무했다.

그때 내 머릿속에 구세주처럼 떠오른 사람은 바로 엄마였다. 요리면 요리, 청소면 청소, 빨래면 빨래까지, 엄마만 한 전문가가 또 어디 있을까. 나는 얼른 엄마에게 전화를 걸어 꼬치꼬치 물어보기 시작했다.

"엄마, 청소기는 어떤 거 보고 골라?"

"먼지를 쫙쫙 잘 빨아들이는 걸로 사야지. 그리고 아무래도 브랜드를 사야 좀 믿음이 가고. 청소하면 이 방 저 방 돌아다녀야 하니까 가벼우면서 먼지통 비우기도 편해야 되고. 아이고… 네 방 청소할 때 머리카락이 어찌나 많이 나오는지, 그거 며칠만 안 해도 얼마나 지저분한데. 근데 청소는 잘 하고 있냐?"

결국 청소 좀 하고 지저분하게 해 놓고 살지 말라는 걱정과 잔소리로 마무리되었지만, 엄마가 쏟아내는 이야기 안에 고객의 소리가 그대로 느껴졌다.

실제로 홈쇼핑 업계에 몸담고 있는 많은 사람들이 엄마의 도움을 받는 경우가 많다. 생활, 주방용품이나 식품, 가전제품 등을 방송할 경우 타깃 고객은 딱 어머니들의 나이대인 40~50대 이상인 경우가 많기 때문이다.

나는 엄마의 30년 살림 내공을 바탕으로 고객이 공감할 만한 생생한 이야기들을 멘트로 준비하기 시작했다. 기존 청소기에서 제품을 바꾸는 가장 큰 이유가 무엇인지, 브랜드 제품에서 원하는 서비스가 무엇인지, 일주일에 몇 번씩 진공청소기를 쓰는지, 가족 구성에 따라 혹은 계절에 따라 어떤 청소가 가장 힘든지 등 엄마, 이모, 친구 엄마, 주부 블로거를 가리지 않고 조사했다. 이렇게까지 조사를 많이 해야 하나 싶은 생각도 들었지만, 이 내용들이 든든한 방송 밑천이 되어 줄 것이라 생각하고 열중했다.

전략은 성공적이었다. 두 번째 방송도 똑같이 청소기 방송을 진행했는데 다소 딱딱하게 전문 지식을 언급하기 바빴던 첫 방송에 비해 쇼호스트들과 자연스런 대화가 가능해진 것이다. 고객들은 완벽한 지식을 전달하는 방송을 원하는 게 아니라 공감할 수 있는 이야기에 지식이나 정보를 더해 주는 방송을 원한다는 사실을 알 수 있었다.

홈쇼핑에서 여성의 구매비율은 70~80%에 이를 정도로 어마어마하다. 제품이나 시간대별로 차이가 있긴 하지만 대체로 30~50대 여성이 가장 많은 비중을 차지하고 있다. 이러니 여성, 그중에서도 엄마들의 마음을 사지 않으면 높은 매출로 이어지기 어렵다. 이후로 나는 어떤 제품을 방송하든 고객의 눈높이에서 듣고 싶은 이야기가 무엇일지를 먼저 고민해서 멘트를 준비한다.

실전은 시작되었지만, 나는 여전히 어려운 과제를 풀어가는 학생이 된 기분으로 방송에 임했다. 특히 함께 진행하는 쇼호스트가 예상 가능한 질문을 했을 때는 자연스레 답했지만 의중이 파악되지 않을 때는 엉뚱한 대답을 하는 경우가 많았다. 방송 내내 "죄송합니다."라는 말을 입에 달고 있었던 것 같다. 너무나도 부끄럽고 이렇게 못하면서 계속 방송을 해도 될까 자괴감이 들었다. 하지만 처음부터 잘하는 사람은 없지 않은가. 누구나 부끄러운 과거, 일명 '흑역사' 하나씩은 있지 않은가.

국민 MC 유재석이 신인 시절 카메라 울렁증이 있었다는 이야기는 익히 들었을 것이다. 특히 생방송 중 평소 봤던 스태프 외에 모르는 사람이 한 사람이라도 있을 경우, 그 사람과 눈이 마주치는 순간 심장이 뛰고 손이 떨리면서 시선을 어디 둬야 할지를 몰랐다고 한다. 언제 빛이 나올지 알 수 없는 터널 같은 신인 시절을 잘 이겨낸 그가 한 프로그램에서 후배에게 했던 조언은 무척 인상 깊었다.

"나도 신인 때는 정말 스트레스 많이 받았지. 신인 때 스트레스는 미래에 대한 불안감 딱 하나야. 그런데 미래에 대한 불안감이 왜 오느냐. 늘 그것만 고민을 하고 정작 해야 될 것은 안 하고 고민만 해! 내일 당장 녹화인데, 대본을 보며 그걸 해야 하는데 고민만 해. 내일 실수하면 어떡하지, 내일 잘해야 하는데…. 그리고 내일 실수를 해! 뭔지 알겠지? 내가 돌아서서 생각해 보니 그거였어. 내가 실수한 이유가 뭔지 알아? 고민만 하다가 연습을 안 한 거야. 내가 생각하는 범위 내에서 최선을 다하면 안 돼. 그걸 벗어나는 범위에서 최선을 다해야지. 그게 바로 혼신이야. 혼신을 다해야 해."

살면서 무언가를 간절히 바란 적이 한 번쯤은 있을 것이다. 의지할 데가 이것밖에 없다 생각하고 모든 것을 걸어 본 적 있는가?

스물아홉, 마냥 어리지만은 않은 나이에 찾아온 홈쇼핑 방송의 기회가 나에겐 그런 존재였다. 삶 전체가 홈쇼핑 그 자체였다. TV를 켜면 그렇게 좋아하던 드라마를 제쳐두고 홈쇼핑 채널만 챙겨 봤다. 스마트폰에 홈쇼핑과 관련된 어플을 쫙 깔아놓고 수시로 열어 확인하는 게 일상이었다.

스물아홉 살쯤 되면 프로페셔널하게 일을 처리하는 멋진 여자가 되어 있을 것이라고 상상했는데, 실상은 이제 막 홈쇼핑 방송과 삼성전자라는 조직에 적응하고 있는 풋내기였다. 하지만 적어도 쓸데없는 걱정만 하며 시간을 보내는 일은 하지 않았다. 연습에 또 연습, 실전에 또 실전을 거듭하면서 매일 조금씩 성장하고 있었다.

# 자존심을 버리고
# 경험을 취하라

# 01 멘토는
가까운 곳에서 찾아라

상대를 좋은 사람이라고 생각하고 그렇게 믿어라. 그러면 그 사람은 반드시 좋은 사람이 된다.
우리가 돌려받는 것은 우리 마음을 투사한 것에 대한 반사임을 잊지 말라.

**– 맥스웰 몰츠**

홈쇼핑 방송은 매 순간이 실전 그 자체였다. 제품 공부를 하며 어떻게 방송을 꾸려 나가야 하나 치열하게 고민했고, 방송 운영진들과의 미팅 후에는 생방송에 필요한 것들을 챙기느라 정신이 없었다. 한 방송을 무사히 진행하고 성공적인 매출을 달성하기까지 회사 내에서도 다양한 사람들 간의 커뮤니케이션이 이루어지니 그것 또한 신경 쓰지 않을 수가 없었다. 이렇게 육체적으로 힘든 적응 기간을 보내면서 정신적인 스트레스 또한 만만치 않았는데, 이를 달래준 것은 멘토의 힘이었다.

흔히 멘토라 하면 경험과 지식이 많아 스승이나 길잡이 역할을 해 주는 사람을 의미한다. 나 역시 힘든 순간을 이겨 낼 수 있게 도와준 홈쇼핑 멘토들이 있다. 여기서 한 가지 꼭 기억해야 할 것은 멘토는 멀리서 찾으면 안 된다는 사실이다. 가장 가까운 곳에서 나를 채찍질해 주고 때론 힘을 북돋아 주는 사람을 멘토로 삼아야 한다.

내게 있어 그런 존재였던 선배가 있었다. 바로 베테랑 전문 게스트 오민화 선배였다. 그녀는 새침하고 도도한 인상을 갖고 있었고, 쉽게 마음을 내주지 않는 스타일이었다. 늦깎이 신입사원이자 홈쇼핑 게스트 막내였던 나는 늘 선배들의 기분과 분위기를 맞추려 노력했지만 활달하지도 붙임성이 좋지도 못해 겉도는 느낌은 어쩔 수 없었다. 그리고 그녀의 하드트레이닝이 시작되었다.

"세탁기 자동코스 중에 아기옷 코스는 어떤 기능이야?"

"아기 옷은 일반 의류보다 더 깨끗하게 빨아야 하니까 헹굼을 강화해서 빠는 거예요."

"헹굼을 어떻게 강화하는데?"

"아, 표준보다 좀 더 많이…."

"도대체 제품 공부를 어떻게 한 거야? 우리는 전문 게스트라고 했지. 나는 어느 자리에 가도 삼성전자 게스트들은 전문가라는 자부심이 있는데, 제품에 대해서 이렇게밖에 몰라?"

"죄송합니다."

"지민아, 이건 노력을 안 한 거나 마찬가지야. 내가 보기에 지금의 너는 너무 게을러."

그동안 마음 졸이며 회사생활에 적응하고, 부족하지만 나름대로 열심히 준비했다고 생각했는데 선배의 날카로운 지적에 한없이 쪼그라드는 기분이었다. 심지어 게으르다는 지적까지 받고 나니 부끄럽고 자존심이 상해 왈칵 눈물이 쏟아져 나왔다. 그렇게 얼마간 눈물, 콧물 다 쏟아내며 울고 나니 한결 마음이 편안해지고 서러웠던 마음도 가라앉았다. 그리고 도대체 무엇이 문제였는지 되돌아보았다.

생각해 보니 내가 지금껏 해 왔던 방송 진행은 원고에 있는 그대로 전달하는 경우가 대부분이었다. 원고 없이 진행했던 경우라 해도 감성적으로 시청자와 공감하며 나눴던 일상적인 내용이 대부분이었다. 홈쇼핑 게스트의 역할처럼 전문적인 지식을 디테일하게 외우고 그걸 자연스럽게 내 것으로 만들어 전달한 적은 없었던 것이다. 그러니 이 일을 6~7년째 해 온 선배의 눈에 내가 부족해 보이는 것은 너무나도 당연했다. 그날 이후 나의 목표는 '선배에게 인정받기'가 되었다. 산처럼 높아 보이는 선배를 멘토로 삼아 제대로 노력해서 전문가가 되겠다고 말이다.

선배가 가르쳐 주는 내용을 하나라도 놓칠세라, 전부 적어 놓고 보고 또 보며 외웠다. 미팅을 따라다니며 브리핑을 어떤 식으로 하는지, 다양한 사람들의 의견을 어떤 식으로 받아들이는지 파악했다. 어떤 제품을 맡아도 야무지게 방송을 이끌어 가는 선배의 모습을 모니터링하며 나라면 어떻게 할까 이미지화해 상상해 보고 자기화하려고 노력했다.

심지어 출퇴근 시간, 점심시간, 업무 중 쉬는 시간에도 선배 옆에 꼭 붙어 끊임없이 대화하고 피드백을 받았다. 결국 내가 초보 딱지를 떼고 자리를 잡아갈 때쯤 선배와 나는 둘도 없는 절친이 되어 있었다. 일과 소중한 인연 두 마리 토끼를 다 잡은 셈이다.

홈쇼핑 방송국에서 만난 멘토들도 빼놓을 수 없다. 가전제품은 홈쇼핑에서 판매하는 다양한 제품군 중에서도 가격대가 높은 편이라 고객들에게 신뢰감을 줄 수 있는 베테랑 쇼호스트들이 맡는다. 덕분에 나는 홈쇼핑에서 내로라하는 실력자들과 방송을 하는 경우가 많았다. 그중에서도 멘토로 꼽고 싶은 사람은 롯데홈쇼핑 김지애 쇼호스트와 GS홈쇼핑 오혜선 쇼호스트다.

홈쇼핑 업계에서 2012년은 '삼성TV의 해'라고 해도 과언이 아닐 정도로 어마어마한 매출을 기록했다. 그리고 그 중심에 친근한 옆집 언니 같은 김지애 쇼호스트가 있었다. 따뜻한 말투로 고객이 쉽고 편안하게 제품을 이해할 수 있도록 설명하는 모습과 호들갑스럽지 않게 구매를 유도하는 자연스러운 진행 능력에 팬이 되지 않을 수 없었다. 특히 함께 방송을 준비하는 모든 사람들을 대하는 겸손한 태도와 어떻게든 제품을 돋보이게 하려는 그녀의 열정에 덩달아 더 열심히 방송을 진행할 수 있었다. 방송의 주인공은 판매할 제품이니 진행자의 역할은 제품이 가진 가치를 고객이 오롯이 느낄 수 있도록 하는 것이라는 모토를 가지게 된 것도 김지애 쇼호스트의 영향이 컸다.

나는 홈쇼핑 방송 일을 하기 전에 오혜선, 임효진, 김유리, 유은정의 《올 어바웃 쇼핑호스트(all about Shopping Host)》라는 책을 읽고 저자인 쇼호스트들과 함께 방송하고 싶다는 꿈을 꾸었다. 그런데 몇 년 후 그 꿈이 현실로 이루어졌다. GS홈쇼핑에서 책의 저자이자 꼭 만나고 싶던 그녀, 오혜선 쇼호스트를 만난 것이다. 천사 같은 미소와 다정한 목소리는 내가 상상했던 모습 그대로였다. 또한 그녀는 진정한 소통의 여왕이었다. 미팅부터 생방송 직전까지 하나하나 꼼꼼하게 자신의 의견을 부드럽게 피력했고, 끊임없이 상대의 의견을 구했다. 방송에서 유난히 따뜻한 눈웃음으로 진심이 가득 담긴 이야기를 하는 그녀를 보고 있으면 쇼호스트의 정석이라는 생각이 든다.

현장에서는 함께하는 사람들과 소통하는 데 신경을 쓸 것, 방송에서는 화면 너머에 존재하는 고객을 위해 진심으로 제품을 소개할 것. 오혜선 쇼호스트를 만나지 못했다면 절대 깨닫지 못했을 교훈이다.

스티븐 비스쿠시의 저서 《직장인 생존철칙 50》에 이런 글이 있다.

"모든 사람은 멘토가 필요하다. 특히 새로운 일을 시작할 때 혹은 능력 이상의 일을 완수해야 할 때 그러하다. 물론 슬럼프에 빠지거나 기대보다 좋은 성과를 내야 할 때도 필요하다. 좋은 멘토는 매일매일 가치 있는 지침을 주고 어려울 때 문제 해결을 도와준다. 뿐만 아니라, 머리 위로 총알이 날아다니는 상황에서도 생존할 수 있는 방법을 알려 주기도 한다. 물론 멘토의 자격이 없는 이들은 해가 되는 충고를 하거나 문제를 더욱 악화시켜 당신을 좌초하게 만들기도 한다. 그러므로 반드시 좋은 멘토를 구해야만 한다. 반드시."

혼자 죽어라 노력하는 사람은 하수, 접근성이 낮은 사람을 롤모델로 삼는 사람은 중수다. 최고가 되고 싶다면 혼자서 고군분투하지 말고 제대로 된 멘토를 찾아야 한다. 그리고 그 멘토는 아주 가까이에 있어 수시로 조언을 구하고 변화되는 모습을 점검받을 수 있어야 한다. 나는 '홈쇼핑 방송'이라는 도전 과제를 훌륭한 멘토의 도움으로 극복해 냈다. 나 또한 조언을 얻기 원하는 후배들을 위해 멘토의 역할을 하고 있다. 기꺼이 지침을 주고 문제 해결을 도와주는 멘토가 필요하다면 010.9908.8403으로 문의하면 된다. 내가 그동안 쌓아 온 수많은 경험과 노하우를 전수해 주겠다.

# 02

# 당신은 할 만큼
# 하지 않았다

너무나 많은 사람들이 자신들의 문제를 놓고 불평을 하며 인생을 허비한다.
불평하는 데 쏟는 에너지의 10분의 1만 문제 해결에 쏟아도 얼마나 일이 수월하게 풀리는지
스스로도 놀라게 될 것이다.

— 랜디 포시

　'최선을 다했다'는 말이 무책임하게 느껴지는 순간이 있다면
어떤 때일까? 바로 방송이 끝나고 매출이 아쉬웠을 때다. 온·오프
라인 여러 유통채널 중 홈쇼핑은 시간당 결과와 피드백이 바로 바
로 나오기 때문에 성취가 큰 만큼 상실감도 크다. 실적이 좋지 않
을 때의 사후 미팅 분위기는 그야말로 살벌히다. 매출이 잘 니오
지 않은 것은 방송의 질 때문일 때도 있지만 반대로 전혀 상관없
는 이유 때문인 경우도 많다.

　홈쇼핑은 다른 채널의 TV 프로그램을 보던 시청자들이 채널
을 옮기는 와중에 노출되고 구매가 일어난다. 방송 프로그램 시
작 전후로 노출되는 광고를 피하기 위해 채널을 돌리는 행위, 즉
채널을 돌리다가 사이에 있는 홈쇼핑 채널의 시청률이 높아지는

현상을 '재핑(zapping)'이라고 한다. 지상파 방송 사이에 홈쇼핑 채널이 배정된 이유는 이 재핑 효과를 통해 상업적인 이득을 취하기 위함인 것이다. 결국 동시간대 타 채널의 방송 종료 시간과 타이밍이 맞지 않는다든가, 시청률이 너무 낮아 고객모수가 적은 경우 혹은 천재지변, 사회적 이슈 등이 생겨 수시로 시청자의 주의가 집중되는 프로그램이 방영되는 경우 홈쇼핑의 매출이 떨어지는 것은 당연한 결과라고 볼 수 있다.

또한 최근에는 고객들이 스마트폰으로 제품을 검색해 조건 비교를 하고 가장 혜택이 좋은 곳을 스스로 찾아 나서므로 다른 유통채널보다 조건이 안 좋을 경우 가차 없이 외면받는다. 상황이 이러니 매출이 좋지 않다고 해서 방송을 탓하며 우울해할 필요는 없는 것이다. 그럼에도 어째서 매출에 따른 자성이 필요한가. 추후에 좀 더 나은 방송을 하기 위해 개선할 점이 무엇인지를 끊임없이 모색했을 때 매출과 방송 모두의 발전이 따라오기 때문이다. 실제로 '이 정도면 잘 나왔어, 우리 탓이 아니야'라고 자기반성 없이 방송을 끝낸 경우 다음 방송도 그다음 방송도 계속해서 매출이 좋지 않은 경우가 많다.


다양한 방송사의 스태프들을 만나다 보니 방송의 질과 매출 두 마리 토끼를 다 잡기 위해서는 팀워크가 중요하다는 생각이 들었다. 잘되는 팀의 경우 매출이 좋든 좋지 않든 서로에게 고생했다며 공을 돌리고 스스로 반성하는 분위기다. 반면, 잘 안 되는 팀은 자기변명을 하며 상황 탓, 제품 탓, 조건 탓을 하기 바쁘다.

성공하지 못하는 사람들은 자기변명에 능하다고 한다. 한 정신 분석 권위자가 이들이 주로 하는 변명 리스트를 만들었다.

만일 시간이 좀 더 있었다면…
만일 운이 따라 주었다면…
만일 좋은 연줄이 있었다면…
만일 하고 싶은 대로 했다면…
만일 상사가 나를 바르게 평가해 주었다면…
만일 누군가가 도와주었다면…
만일 나의 재능을 인정받을 수만 있었다면…
만일 이것이 나의 회사였다면…

이와 비슷한 자기변명을 하고 있다면, 쓸데없이 시간 낭비를 하는 셈이다. 나 역시 치열하게 고민하고 준비해서 방송했는데 결과가 아쉬울 경우, '난 할 만큼 했다'라고 스스로 위로하며 실패감에서 빠져나오려 했었다. 하지만 이것은 우울한 감정에서 벗어나는 것만 생각하다가 제일 중요한 메시지를 놓치는 것이다. 마치 응원하는 스포츠팀의 경기를 보면서 제일 중요한 최종 스코어를 확인하지 않는 것과 같다.

여느 방송보다 준비 과정이 힘들고 매출 역시 아쉬울 확률이 높은 방송이 신제품 론칭 방송이다. 제품이 출시되고 홈쇼핑 방송에 몇 번씩 노출되다 보면 안정적인 순서 및 내용이 나오기 때문에 그 흐름대로만 가면 큰 문제없이 방송이 진행된다. 하지만 신제품은 설명은 어떤 순서로 할 것인지, 강조할 부분이 무엇인지, 시연은 어떻게 할 것인지 등등 모든 게 처음이고 검증되지 않았기에 위험 부담이 크다.

미팅을 하면서 고객에게 강조할 부분이 무엇인지 세일즈 토크를 짜고, 제품의 시연이나 디스플레이, 핸들링은 어떻게 할 것인지 디테일한 전략을 짰다. 이렇게 모두가 한마음으로 열심히 준비한 만큼, 생방송 현장은 그 어느 때보다 정신없고 분주하다. 열정적인 생방송 대비 고객의 콜 반응이 뜨뜻미지근했지만 티내지 않고 끝까지 패기 있게 방송을 진행했다. 방송이 끝난 후 리뷰 미팅 현장이 이어졌다. 아무래도 론칭 방송이라 아쉬운 부분이 많다며 개선을 위한 아이디어를 내놓는 사람들 틈에서 괜스레 기분이 언짢았다. 이 이상 어떻게 더 잘할 수 있나 억울한 마음이 든 것이다. 실망감과 억울함이 딱 반반씩 섞인 불쾌한 감정이 나를 몰아세웠다.

집으로 돌아와 가만히 생각해 보니 이런 감정이 내게 전혀 도움이 되지 않는다는 결론에 이르렀다. '잘해야만 한다', '매출이 좋아야 한다'는 생각에 집중해 스트레스만 받았지 그 시간에 좀 더 방송의 질적인 부분에 대해 고민하지 못했던 것이다. 그리고 남들이 내리는 평가에 감정적으로 반응한 것 역시 평소와 다른 부담감과 중압감에 감정 조절을 제대로 하지 못한 결과였다. 실력 있는 사람일수록 평가에 객관적으로 반응하고 수용의 자세를 취한다. 스스로의 실력과 노력에 대한 자신감이 있으니 감정적으로 받아들일 필요가 없는 것이다. 이후 나는 어떤 방송을 하든 '할 만큼 했다'는 결론을 쉽게 내리지 않기로 했다. 당장은 그게 최선의 결론이라 생각할지 모르나 그런 안일한 생각이 곧 일어날 미래를 망칠 수 있기 때문이다.

핵심은 방송이 끝난 후 자기반성에서 탄생한다. 발전적인 리뷰를 하고 싶다면 50:50의 비율로 잘한 것과 부족한 것을 나눠 보라. 어떤 날은 방송에서의 멘트는 좋았지만 시연이나 제품 연출이 아쉬웠을 수 있고, 어떤 날은 제품 연출도 고객 반응도 폭발적이었지만 진행자 사이의 호흡이 잘 맞지 않아 정신없고 시끄러운 분위기가 연출되었을 수도 있다.

초반에는 스스로 객관적인 판단을 내리기 어려워 회사 선배들이나 가족들에게 방송 모니터 후 피드백을 달라고 했었다. 이후 보다 객관적이고 냉철하게 피드백을 주는 사람들로 추려 지속적으로 피드백을 듣고 아쉬운 점을 보완하려 노력했다. 이왕이면 말로 듣고 마는 것보다 따로 메모해 정리해 놓는 것이 좋다. 자료가 쌓이면 반복적으로 실수하거나 부족한 부분이 드러나게 되고, 그럼 그 부분에 더 신경 써서 방송을 진행할 수 있기 때문이다.

어느 정도 시간이 지나니, 누군가에게 물어보지 않아도 스스로 내 방송에 대한 객관적인 리뷰가 가능해졌다. 그렇게 경험을 통해 얻은 귀중한 메시지를 가슴에 새겼다. 반성이 없으면 발전도 없는 법이라는 사실을 말이다.

# 겉으로 보이는 화려함이 전부는 아니다

**03**

나는 선수 시절에 9,000번 이상의 슛을 놓쳤다. 거의 300번의 경기에서 졌다.
경기를 승리로 이끌라는 특별 임무를 부여받고도 실패한 적이 26번 있었다.
그리고 나는 인생에서 거듭 실패를 계속해 왔다. 이것이 정확히 내가 성공한 이유다.

**– 마이클 조던**

"어머, 실제로 보니까 날씬한데. 화면엔 왜 그렇게 뚱뚱하게 나와요? 얼굴도 엄청 동그랗게 나오던데, 실물은 안 그러네!"

방송에서만 나를 보다가 실제로 만나게 된 사람들이 하는 이야기다. 그렇다. 카메라는 실제보다 사람을 더 통통하게 보이게 하는 기분 나쁜 재주가 있다. 가끔 연예인의 실물을 보고 생각보다 훨씬 마르고 얼굴이 작아서 놀라는 경우가 있지 않은가. 홈쇼핑 방송에서도 TV로 봤을 때 날씬하게 보이는 여성의 몸매는 실제로 44사이즈, 즉 완전 마른 몸매인 경우가 많다.

그러다 보니 방송인들은 대부분 어마어마한 자기관리의 달인들이다. 완벽한 핏을 보여 주기 위한 다이어트는 물론이고, 스포츠 레저 관련 제품 방송일 경우 트레이닝을 통해 건강하고 멋진 몸을 만들기도 한다. 상대적으로 마르지 않은 보통 사이즈인 내 몸매는 방송에 나오면 후덕해 보인다는 이야기를 들을 때가 많았다. 그래도 방송인인데 비주얼이 엉망이면 안 되겠다 싶어 혹독한 다이어트를 결심한 적이 있다. 평소에도 다이어트를 수시로 결심했다가 작심삼일로 끝나는 경우가 많았기에 이번에는 독하게 마음먹고 해야겠다 싶어 단식을 하기로 했다.

무작정 굶으면 몸이 상할 수 있으니 다이어트로 유명한 한의원을 찾아 처방해 준 약만 먹고 식사는 하지 않았다. 먹어 봤자 방울토마토나 오이 같은 채소 정도였고, 절대 커피나 과자 같은 간식에 손을 대지 않았다. 그렇게 일주일이 지나자 평소 부기가 심했던 얼굴과 하체가 슬림해졌고, 전에는 들어가지도 않던 스키니바지를 가볍게 입을 수 있었다. 당연한 결과 아니겠는가? 일반 식사를 일절 하지 않았으니 말이다.

다이어트 10일 차, 이제는 뭔가를 먹고 싶다는 생각도 들지 않을 정도로 단식이 일상화되었다. 화면에 더 날씬하게 나올 생각을 하니 얼마나 기분이 좋았는지 모른다. 그런데 주변 반응이 생각보다 이상했다.

"너 얼굴이 왜 이래? 무슨 안 좋은 일 있어? 다이어트 안 할 때보다 훨씬 얼굴 상태가 안 좋아. 피곤하고 힘들어 보인다."

이럴 수가! 예뻐 보이려고 다이어트했는데 얼굴이 더 안돼 보인다는 것이다. 그때 깨달은 사실은 단식도 함부로 했다간 오히려 피부 시술 비용을 더 많이 써야 할 수도 있다는 것이었다. 20대 초반에야 굶으며 다이어트를 해도 몸에 큰 무리가 없었고, 피부도 특별한 문제가 없었다. 하지만 30대에는 동일하게 단식을 할 경우 몸이 곯는다. 활력이 넘쳐야 방송도 잘하고 인간관계도 잘 유지할 수 있는데, 몸에 힘이라고는 없으니 좋은 컨디션으로 일할 리 만무하다. 거기에 피부가 탄력을 잃어 축 처지면서 얼굴 골격이 그대로 드러나 더 늙어 보이는 역효과가 생긴다. 이러니 다이어트 후에 다시 성형외과나 피부과를 찾아 시술을 받는 데 수백만 원씩 돈을 쓰는 일이 생기는 것이다.

다이어트의 처참한 역효과를 본 이후, 나는 절대 심한 다이어트를 하지 않기로 했다. 대신 평소에 폭식과 야식을 금하고, 꾸준히 운동하고 있다. 마른 몸매 대신 '최상의 컨디션으로 방송 잘하는 나'를 택한 것이다.

아직도 많은 방송인 지망생들이 화면에서 예뻐 보이는 몸을 만들기 위해 혹독한 다이어트로 건강을 잃어가고 있다. 최근 쇼호스트의 채용 트렌드가 그러하니 더더욱 외모 관리에 신경을 쓰는 것이다. 하지만 건강을 잃으면서까지 하는 무리한 다이어트는 결코 추천하고 싶지 않다. 결국은 외모, 목소리, 말투가 합쳐진 그 사람만의 분위기를 보고 최종 합격이 결정되는 것이니 제일 중요한 것은 몸매가 아니라는 것을 명심해야 한다.

다만 남들이 봤을 때도 전혀 자기관리를 하지 않는 몸매나 피부 상태라면 문제가 있다. 고객들은 홈쇼핑 방송에서 판매하는 다양한 제품을 보면서 지금보다 더 나아진 자기 자신의 모습과 삶을 상상한다. 그 상상에 도움이 되려면 진행자의 외모 역시 깔끔하고 보기 좋아야 하는 것은 어쩔 수 없다. 호감 가는 외모야말로 방송인들이 항상 신경 써야 하는 덕목이다.

쇼호스트들 중에는 볼 때마다 감탄을 불러일으키는 몸매와 피부 관리의 달인들이 많다. 특히 뷰티 전문가이자 《오, 마이 뷰티》의 저자 조윤주 쇼호스트의 경우 민낯을 방송에서 거침없이 드러낼 정도로 예쁜 피부를 가지고 있다. 그녀는 한 인터뷰에서 "모델은 몸매가 재산이고, 성우는 목소리가 재산이듯, 뷰티 쇼호스트인 나는 피부가 모든 것"이라고 이야기했다. 본인이 다양한 화장품 사용부터 시술까지 경험해 보며 깨달은 뷰티 내공을 바탕으로 제대로 된 피부 관리를 하고 있기 때문에 고객들에게 제품을 자신 있게 추천해 줄 수 있는 것이다.

홈쇼핑의 화려한 모습 뒤에 숨겨진 또 다른 노고는 남들이 쉴 때 일해야 한다는 것이다. 예전에 라디오 방송을 진행할 때는 토요일까지 생방송으로 진행하고 일요일이나 공휴일에는 미리 녹음해 놓은 방송을 송출했었다. 하지만 홈쇼핑 방송의 경우, 365일 생방송으로 진행된다. 물론 새벽 2시부터 오전 6시까지는 재방송을 송출하지만, 그 외 시간대는 여지없이 생방송이다. 방송사에 따라 설이나 추석 같은 명절 당일에 재방송을 송출하는 경우는 있으나 매우 드문 케이스다. 결국 방송 운영진들에게 황금연휴란 다른 세상 이야기인 셈이다.

특히 주말에 매출이 잘 나오는 가전, IT제품 전문 게스트인 나는 주말에 개인적인 스케줄을 잡는 것은 상상할 수 없는 일이다. 내 스케줄보다 무조건 언제 잡힐지 모르는 방송이 0순위다. 다행히 이런 내 상황을 친구들과 가족들은 이해해 주기에 모임이나 특별한 일정의 경우 내가 방송이 없는 날을 골라서 잡는 편이다. 주말 새벽부터 늦잠도 못 자고 방송하러 갈 때, 크리스마스나 명절 연휴에 밤늦게까지 방송을 하고 집에 들어올 때면 일의 특성상 어쩔 수 없는 것임에도 힘들고 지칠 때가 많다. 물론 주말에 방송할 경우, 평일에 대체해서 휴무가 주어지니 일과 휴식의 밸런스가 무너질 정도는 아니다.

하지만 보통의 경우 공휴일이나 연휴가 다가오면 몸과 마음이 쉴 수 있게 여행을 떠나거나 가족들과의 행복한 시간을 준비하기 마련인데, 홈쇼핑 관계자들은 어떻게 하면 고객의 마음을 흔들어 매출을 높일 수 있을지를 거듭 고민하고 방송을 준비한다. 그리고 가장 중요한 생방송 당일, 그동안 준비한 모든 것을 쏟아내야 하니 오히려 평소보다 더 힘들게 방송한다고 보는 것이 맞다.

지금껏 700여 회의 홈쇼핑 생방송을 진행하면서 흔들리지 않고 더 열심히 뛸 수 있었던 것은 직업에 불평불만을 가지기보다 상황을 즐기고 최선을 다했기 때문이다. 칼퇴근에 주말 휴무가 보장되는 것보다 더 중요한 것은 직업을 통한 자기계발이라고 생각한다. 그런 자기계발을 통해 언젠가는 자신이 원하는 때 일하고, 원하는 때 쉴 수 있을 정도의 결정권을 가질 수 있지 않을까. 밤이고 낮이고 온에어 표시등의 불빛을 보면서 유쾌하게 방송하고 있는 모든 이들이 비슷한 마음일 것이다.

# 04 나의 유일한 경쟁자는 어제의 나다

탁월한 인물이 가진 특성 가운데 하나는 결코 다른 사람과 자신을 비교하지 않는다는 점이다.
그들은 자신을 자기 자신, 즉 자신이 과거에 이룬 성취와 미래의 가능성과만 비교한다.
– 브라이언 트레이시

홈쇼핑에서 만난 업계 최고 실력자들의 공통점은 절대 남과 비교하지 않는다는 것이다. 그들이 유일하게 비교하는 것은 '과거의 자신'이다. 지난 번 방송 때의 자기 자신 외에는 그 누구와도 비교하지 않는다. 나는 그들이야말로 제대로 된 경쟁의 의미를 알고 있다고 생각한다.

당신은 경쟁을 어떻게 정의할 것인가? 남보다 앞서나가는 것, 혹은 동료를 이겨야 하는 것이라고 이야기한다면 당신은 이미 누군가가 정해 놓은 경쟁의 굴레에 들어간 것이다.

우리는 아주 어릴 적부터 자연스럽게 비교당하는 삶을 살아왔다. 학교에서는 성적으로 1등부터 꼴등까지 줄을 세운다. 내가 뒤처지지 않으려면 앞에 있는 친구를 이겨야 한다는 압박감에 시달린다. 사회에 나와서는 어떤가? 직장생활에서 제일 중요한 것은 실적과 인사고과다. 회사가 원하는 실적을 내기 위해서, 동료들보다 고과를 잘 받기 위해서 끊임없이 스스로를 채찍질하며 경쟁한다. 하지만 이런 경쟁을 통해 남는 것이 무엇인지 생각해 볼 필요가 있다. 회사가 이윤을 내 성과를 거두는 것과 직장 내에서의 존재감 상승도 중요하지만, 그 경쟁의 결과가 개인의 목표나 가치와도 부합하는지 꼭 한번 생각해 봐야 한다.

《아나운서처럼 세상과 연애하라》의 저자 성연미는 이렇게 이야기한다.


"중요한 것은 타인과 비교나 경쟁을 하지 않는 것이다. 오로지 자신만을 유일한 경쟁자라고 생각해야 한다. 상대를 이기면 자만심이 생기고 지면 열등감이 생길 뿐이다. 이기면 이길수록 적만 생긴다. 그렇게 성공하면 할수록 더 많은 적이 생기는 것이다. 그렇지만 오로지 스스로를 이기며 목표를 향하여 이루어갈 때 많은 사람들로부터 박수갈채를 받는다. 그래서 끝까지 박수를 받을 수 있는 전문가가 되기 위해서는 남과 비교 경쟁하지 말고 목표 그 이상의 숭고한 가치목표를 향해 꾸준히 자신의 길을 가야 한다."


경쟁의 핵심은 누군가를 이기는 것이 아니라 스스로가 정한 목표에 근접하는 것이며, 개인의 성장에 초점을 맞춰야 한다는 것이다. 우리가 사회에 나와 배운 대부분의 경쟁은 '나만 성공하는 것'이었다. 경쟁의 본질이 무엇인지 진지하게 고민해 보자.

나는 홈쇼핑 방송을 하기 전에는 경쟁의 관점에서 방송한 적이 없다. 하지만 홈쇼핑 방송은 유통채널이기에 매출 경쟁은 피할 수 없는 운명이다. 자연스레 동시간대 타 홈쇼핑 채널보다 매출이 잘 나와야 하고, 다른 브랜드 제품의 매출을 이겨야 한다는 경쟁의 논리에 지배당했다. 홈쇼핑 방송을 시작한 지 몇 달 만에 나는 경쟁의 늪으로 빠져들었다. 내가 압도당한 것은 매출과 다른 방송 진행자들이었다. 내가 맡은 방송보다 남의 방송 매출이 더 잘 나오면 너무나도 자존심이 상했고, 괜히 매출이 잘 안 나온 걸 내가 방송 진행을 못한 탓으로 여기지는 않을까 사람들의 반응을 살피며 전전긍긍했다. 그러던 어느 순간, 이게 아니라는 생각이 번쩍 든 계기가 생겼다.

전자제품의 특성상 시즌별로 잘 나가는 품목이 있다. 에어컨은 여름에, 김치냉장고는 가을부터 초겨울까지가 성수기인 계절가전이다. 그리고 PC의 경우 1년 내내 부침 없이 판매되는 품목이긴 하지만, 특히 졸업, 입학 수요가 집중되는 1~3월 사이가 시즌이라고 볼 수 있다. 제조사별로 이 시기를 '아카데미 시즌'이라 부르며 PC 판촉행사에 열을 올리고 실제로 구매도 가장 많이 일어나고 있다. 제조사와 마찬가지로 홈쇼핑사에서도 성수기 시즌을 놓치지 않으려 만반의 준비를 한다. 특히 PC는 국내에서 삼성전자가 압도적으로 많이 판매하는 품목이다 보니 한 방송, 한 방송 매출에 민감하게 반응하며 공격적 편성 전략을 펼친다. 그렇게 공들여 전략을 짜고 생방송이라는 뚜껑을 열었는데, 생각보다 그 반응이 예상치를 웃돌지 못한 것이다.

최고의 PD, 쇼호스트, MD들과 함께했기에 내가 부족해서 이런 결과가 나왔나 싶은 생각이 들었고, 상대적으로 내가 맡은 홈쇼핑사보다 다른 홈쇼핑사의 매출이 잘 나오자 경쟁에서 졌다는 생각에 패배감이 느껴졌다. 내가 상대와 비교했을 때 뭐가 부족한지를 계속해서 고민했고, 그쪽의 전략이 더 좋아 보여 흉내 내 보기도 했다. 하지만 패배감은 쉽게 가시기는커녕 더욱더 커져 경쟁하는 내가 본질인지, 방송이 본질인지 헷갈릴 정도였다.

그런데 그때, 함께 방송했던 쇼호스트의 초연한 태도가 눈에 들어왔다. 최고의 매출 기록을 보유하고 실력 또한 최고인 그는 결과가 어떻든 절대 흔들리는 법이 없었다. 경쟁자의 성과나 주변의 반응에 연연하지 않는 것은 당연했다. 그는 매출 경쟁에서 벗어나 자신과의 경쟁에 답이 있다는 것을 알고 있었다. 판매가 잘되고 못 되고를 떠나 고객이 궁금해하는 것을 충분히 해소해 주고 소통했다는 쾌감이 있을 때, 제품과 조건의 강점을 기가 막히게 잘 살려 어필했을 때, 자신이 할 수 있는 모든 에너지와 능력을 다 쏟아 부었을 때 스스로 목표한 바를 달성했다고 생각하는 것이다.

우리는 가끔 올림픽과 같은 세계적인 스포츠대회에서 금메달을 딸 수 있었는데 아쉽게 은메달을 땄다고 눈물지으며 인터뷰하는 선수들을 보게 된다. 신기한 사실은 세계 여러 나라 선수들 중에 1등을 하지 못했다고 우는 사람은 우리나라 선수들이 대부분이라는 것이다. 쟁쟁한 선수들 틈에서 우수한 성적을 거두고도 어째서 경쟁에서 졌다는 아쉬움이 앞서는 것일까. 1등이 아니면 패자라는 잘못된 경쟁의식에서 비롯된 게 아닐까. 반면 패배하고도 인상적인 소감을 남긴 선수가 있다. 2016년 리우올림픽 태권도 남자 68kg급에 출전한 이대훈 선수는 8강전 패배 후 눈물 대신 웃음과 함께 이런 인터뷰를 남겼다.

"올림픽에서 메달 못 딴다고 해서 인생이 끝나는 게 아니잖아요. 몇 개월, 몇 년 지나면 다시 잊힐 것이고, 올림픽 메달리스트라는 타이틀을 평생 갖고 살 것도 아니라고 생각해요. 더 나은 사람이 되기 위해 한 가지 경험을 했을 뿐, 졌다고 기죽고 싶지 않습니다."

그는 자신의 성장을 위해 경쟁에 임했기에 절대 패배자가 아니라는 것을 알 수 있다.

'매출이 인격'이라고 불리는 홈쇼핑 업계에서 매출로 경쟁하고 비교당하는 것은 어쩔 수 없는 현상이다. 이 사실을 무시하고 스스로의 성장에만 집중하라고 조언하고 싶지는 않다. 하지만 적어도 경쟁의 본질이 무엇인지 정확하게 인지한 상태에서 임하라고 이야기하고 싶다. 스스로와 당당하게 경쟁하라. 당신은 그 누구와도 비교당할 이유가 없다. 매출 결과를 성적표로 받아들인 채 경쟁심에 사로잡히기보다 어제의 나를 떠올리며 꼼꼼하게 피드백할 때 진정한 경쟁의 승리자가 된다.

# 강한 정신력이
# 기본이다

"유일한 실패는 바로 새롭고 창의적인 방법으로 거듭해서 시도하지 않는 거야.
만약 내가 전에 했던 걸 그저 단순하게 반복만 할 뿐이면 늘 얻었던 딱 그만큼만 얻을 수 있어."
– 《어린 왕자 두 번째 이야기》 중에서

KBS 〈개그콘서트〉에 '빼박캔트'라는 코너가 있었다. 데이트 중에 남자 친구가 끊임없이 곤란한 상황에 빠져 여자 친구로부터 공격받을 위치에 처한다. 그는 마치 시간이 멈춘 듯 비장한 목소리로 이렇게 말한다.

"정신 똑바로 차리자!"

홈쇼핑 생방송도 마찬가지다. 첫째도 멘털, 둘째도 멘털, 즉 정신을 똑바로 차리고 있어야 흔히 말하는 '멘붕' 상태에 빠지지 않을 수 있다. 앞서도 이야기했듯 홈쇼핑 방송은 대본이 없기에 즉흥적으로 진행자들끼리 대화를 주고받으며 제품 설명과 설득, 구매 독려까지 한다. 특히 전문 게스트인 나는 쇼호스트로부터 언제, 어떤 질문을 받을지 모르기에 정신 똑바로 차리고 하나하나 귀담아 들어야 했다. 얼마나 정신을 집중하고 있었는지 쇼호스트의 행동, 표정에 집중하느라 카메라가 뭘 잡고 있는지 생각도 못 했을 정도였다. 당시 내 방송을 자주 보고 피드백해 주던 친구들은 하나같이 이렇게 이야기했다.

"지민아, 왜 너는 똑바로 서서 카메라를 정면으로 안 보고 계속 옆으로 서서 쇼호스트만 보고 있어? 말 잘 듣는 며느리가 시어머니한테 리액션하듯이 계속 그쪽만 보고 이야기하고 있더라."

어느 정도였는지 가늠이 갈 것이다. 내가 봐도 심할 정도로 카메라를 똑바로 못 보고 옆에 있는 진행자의 말을 따라가기 바빴으니 말이다. 하지만 몇 달이 지나자 눈치껏 카메라와 옆에 있는 진행자를 번갈아 보면서 진행이 가능했다.

그다음 정신을 쏙 빼놓은 것은 '카메라 원숏'이었다. 원숏은 카메라가 방송 진행자가 있는 전체 무대나 제품시연을 잡는 게 아니라 한 사람만 집중적으로 잡는 것을 말한다. 가뜩이나 긴장한 상태인데, 보름달 같은 내 얼굴만 떡 하니 화면에 나오니 몸 둘 바를 모를 정도로 당황스러웠다. 제조사의 직원이자 제품 전문가로 출연했기 때문에 쇼호스트가 중요한 질문을 던지면 거기에 신뢰감을 더해 답변을 하는데 그때마다 원숏을 받는 것이다. 얼굴이 빨개지고 말이 빨라지는 데다 화사하게 미소를 짓기는커녕 항상 뚱한 표정으로 잡히기 일쑤였다.

홈쇼핑 방송을 하기 전에도 카메라 앞에서 뉴스를 진행했었지만 그때는 정해진 뉴스 원고가 있었고, 녹화방송이라 내 모습이 마음에 안 들거나 발음이 이상하면 재녹화가 가능했다. 그런데 전국적인 생방송에 말도 잘 못하고 표정도 뚱한 내 모습이 나가니 얼마나 스트레스였는지 모른다. 그때마다 마음속으로 이런 다짐을 하면서 멘털을 부여잡았다.

'나는 이 방송에 꼭 필요한 존재야. 그러니 당당해지자. 고객과 똑바로 눈을 맞춘다는 느낌으로 카메라를 봐야지. 눈앞에서 고객이 호기심을 갖고 내 설명을 듣고 있다고 생각해 봐! 심각할 거 없이, 즐겁게 기분 좋게 이야기하자! 할 수 있다, 심지민!'

생방송 중 가장 멘털이 흔들리는 순간은 고객의 반응이 느껴지지 않는, 그야말로 매출이 망하고 있다는 끔찍한 예감이 들 때다. 홈쇼핑 생방송에서 주문이 급격히 몰리며 자동주문이 300~400건까지 치솟으면 방송을 진행하는 사람들도 흥분될 수밖에 없다. 고객이 우리의 말을 듣고 제품을 구매해 주니 감사한 마음과 해당 제품과 조건이 시장에서 통했다는 짜릿함 때문에 기쁜 마음으로 흥분하는 것이다.

반대로 열심히 설명하고 준비한 것을 보여 주었는데도 콜이 계속해서 자동주문 10~20건을 벗어나지 못하면 기운이 쭉 빠진다. 무슨 말을 해도 힘이 나질 않고 '끝났다', '망했다' 같은 비관적인 생각만 머릿속을 맴돈다. 이런 위기 상황에서 생방송 판매 전문가들의 저력이 드러난다. 그 와중에도 주문을 하고 있는 사람들을 위해 계속해서 사용 팁이나 사후 관리에 대해서 안내해 주거나, 현재 주문하고 있는 고객들의 나이대나 지역 등을 고려해 사전에 짰던 세일즈 토크, 스토리텔링을 180도 바꿔서 또 다른 맞춤형 PT를 선보이는 것이다.

고가의 에어컨을 여름이 아닌 봄에 방송한 적이 있었다. 홈쇼핑 고객들은 얼리어답터라기보다는 그 반대인 슬로어답터에 가깝기 때문에 어느 정도 검증이 끝난 제품을 좀 더 저렴한 가격에 구입하길 원한다. 보다 경제적이고 효율적인 소비 패턴을 갖고 있는 셈이다. 그러니 굳이 에어컨 시즌에 들어서기도 전에 그것도 비싼 가격의 최신 에어컨을 구매할 가능성은 높지 않다. 그럼에도 최신 모델은 공기 청정 기능이 강화되어 미세먼지가 많은 봄부터 당장 쓸 수 있는 제품이라고 포지셔닝했고 전기세도 아낄 수 있다며 최신 모델로 바꾸기를 설득했다. 고객들은 궁금한 것에 대해 다양한 질문을 남겼으나 실구매로 이어지지는 않았다. 예상은 했지만 너무나도 저조한 반응에 어떻게 해야 하나 고민하고 있는데 함께 진행하던 쇼호스트가 결심에 찬 목소리로 이렇게 말하기 시작했다.

"고객님. 지금 이 제품 너무 비싸고, 아직 봄인데 좀 더 비교해 보고 사야겠다 싶으시죠. 네. 그렇게 에어컨을 고르시는 게 맞습니다. 한번 구입하면 몇 년은 쓸 가전제품인데 당연히 그렇게 비교하시는 게 맞아요. 근데요, 이거 하나는 기억하셔야 합니다. 원래 홈쇼핑에서는 이렇게 비싼 최신 제품 판매 안 해요. 백화점에서 팔지, 뭐 하러 가격 싸게 해야 되고 사은품도 많이 줘야 하는 홈쇼핑에서 팔겠어요. 안 그래요? 그래서 저희 이 제품 딱 요번에만 이렇게 팔고 더 이상 이런 조건으로 홈쇼핑에서 못 팝니다. 아시죠? 6~7월에 홈쇼핑에서 에어컨 방송 정말 많이 하는 거. 그때 아무리 찾으셔도 절대 이렇게는 구입 못 하시고 백화점 가셔서 제돈 다 주고 구입하셔야 돼요. 그러니 어떻게 하시겠어요? 프리미엄 에어컨 좋은 거 왜 몰라요, 비싸서 못 샀지! 그걸 홈쇼핑 조건으로 드리는 게 지금 이 시간이에요. 일단은 내 거 한 대 잡아둬야겠다는 생각 안 드세요?"

쇼호스트의 이 말에 막판까지 고민하던 고객들이 몰려 나쁘지 않은 매출성적표를 받아들 수 있었다. 망했네, 반응 없네 자조하며 실망만 하고 있었다면 이렇게 센스 있게 고객을 자극하는 멘트는 나올 수 없었을 것이다. 강한 멘털은 상황 판단을 빠르게 하고 위기 상황에서 센스를 발휘하게 해 준다. 매출이 안 좋을 때 더 똑바로 정신을 차리고 있어야 분위기를 반등시킬 수 있는 것이다.

생방송 진행에 멘털이 중요하다는 사실을 모르는 사람이 누가 있을까? 그렇다면 여기서 한 가지 중요한 질문을 해 보자.

'왜 상황이 안 좋을 때 멘털이 무너지기 쉬운 것일까?'

사람을 궁지로 몰아넣는 다양한 상황과 환경 등 여러 가지 이유가 있겠지만 가장 큰 이유는 상황을 객관적으로 판단하지 못해서다. 인간은 사회적 동물이라 본능적으로 주변 사람들이 나를 어떻게 생각하는지, 지금 일어나는 일이 나에게 미치는 영향이 긍정적인지 부정적인지를 끊임없이 파악하고 이를 반영해 행동하게 된다. 상황이 안 좋아지면 이게 내 탓인가 남의 탓인가를 생각하고 이 일의 여파로 어떤 부정적인 일들이 생길지를 자연스레 연상하다 보니 당당함은 사라지고 한없이 상황에 휘둘리는 '나약한 나'만 남게 되는 것이다.

과감하게 뒷일은 생각하지 말자. 그리고 지금 상황은 누구의 탓도 아닌 어쩔 수 없는 결과이니 어떻게든 이 상황을 타개할 아이디어를 떠올리는 데 온 신경을 집중하자. 나 역시 멘털이 약했을 때는 스스로 어려운 상황에서 헤어 나오지 못해 매출이 망가지고 나면 며칠 동안 우울하게 지냈었다. 신기하게도 멘털을 강하게 키우려 상황을 보다 객관적으로 보다 보니 결과는 더 좋아졌고, 더 이상 매출 결과에 따라 내 감정이 롤러코스터를 탄다거나 사람들의 눈치를 보는 일은 사라졌다.

전문가일수록 남 탓을 하지 않는다. 그러니 더 이상 필연적인 일들에 멘털이 흔들리지 말기를. 멘털이 강한 사람은 언제 어디서나 인정받기 마련이다.

# 딱 3년만
# 견뎌라

지속의 힘, 지루한 일이라도 열심히 계속해 나가는 힘이야말로
인생을 보다 가치 있게 만드는 진정한 능력이다.

**– 이나모리 가즈오**

"선배, 언제쯤이면 스트레스 덜 받고 재미있게, 자신감 있게 방송할 수 있을까요?"

함께 일하는 후배가 이런 질문을 한 적이 있다. 그때 나는 이렇게 답했다.

"그 시간을 조금만 더 견뎌. 닌 3년 걸렸어."

3년, 어떻게 보면 짧게 느껴질 수 있지만 누군가에겐 긴 시간이다. 나에겐 정말 긴 시간이었다. 이미 4~5년의 방송 진행 경험을 쌓은 상태에서 입사했음에도 홈쇼핑 방송은 매일 고강도의 하드트레이닝을 하는 것처럼 나를 힘들게 했다.

우선 다양한 PD, 쇼호스트들과 함께 일하다 보니 스타일이 다른 여러 사람들과의 합을 맞추는 게 쉽지 않았다. 그리고 아무리 말을 매끄럽게 잘한대도 새로운 멘트를 계속해서 개발하지 않으면 방송 내용이 지루해질 수 있다. 뿐만 아니라, 홈쇼핑 방송의 목적은 판매, 즉 매출을 내기 위한 것이니 매출을 높이는 세일즈 PT 전략을 끊임없이 고민해야 한다. 상황이 이러니 좀 적응됐다 싶으면 새로운 과제가 생겼고, 안정을 찾았다 싶은 순간 예상치 못한 일이 터지기 마련이었다.

입사한 지 2년이 다 되어 가던 어느 날이었다. 한 달에 수십 개씩 생방송을 진행한 데다 냉장고, TV, 에어컨 등의 대형 가전부터 청소기, 공기청정기 등의 소형 가전까지 모두 진행하면서 자신감이 한창 무르익었을 때였다. 내가 론칭할 제품은 프리미엄 진공청소기로, 기존에 판매하던 제품보다 가격이 무려 4배 가까이 높은 고가의 신제품이었다. 회사는 당시 해당 제품을 갓 출시한 후 CF에 노출하며 한창 홍보에 열을 올렸고, 1시간 내내 제품을 보여줄 수 있는 홈쇼핑은 당연히 그 효과가 높을 것이라고 판단했기에 방송이 결정된 것이었다.

높은 가격대가 마음에 걸리긴 했지만 기존처럼 방송을 준비하면 큰 문제가 없을 것이라 생각했다. 평소 우리 제품을 자주 판매했던 방송 운영진으로 결정되었고 나는 더더욱 자신감 있게 방송을 준비했다. 제품 연출부터 시연, 제품의 특장점을 강조할 수 있는 POP까지 모두 기존 방송에서 안정적으로 좋은 반응을 이끌어

냈던 것들로 세팅했다. 하지만 역대 최저 매출달성률을 기록했다. 그야말로 최악의 결과였다. 안 팔려도 어떻게 이렇게 안 팔릴 수가 있을까 싶을 정도로 고객에게 외면을 받은 것이다.

나는 다시 한 번 혼란에 빠졌다. 생방송을 수없이 진행했고, 론칭한 전자제품만 수십 개가 넘는데 어떻게 이런 결과가 나올 수 있단 말인가. 매출달성률이 무조건 방송 내용과 비례한다고 볼 수는 없지만 아무리 그래도 이렇게 결과가 처참할 줄이야.

애초에 고가의 프리미엄 제품을 판매하면서 기존과 같은 전략으로 판을 짠 것부터가 잘못된 선택이었다. 이 제품이 고객에게 줄 수 있는 가치, 프리미엄 디자인, 편의성, 위생성 등을 충분한 시간을 할애해 가며 제대로 보여 주었어야 했다. 다 안다고 생각했던 오만이 이도 저도 아닌 애매한 포지셔닝의 제품으로 만들어 버린 것이다.


어떤 업종의 일이든 3년은 일해야 경력으로 인정되는 경우가 대부분이다. 그 분야에서 제대로 된 능력을 갖추고, 전문적인 시야를 갖추기 위해서는 3년 정도의 시간이 필요한 것이다. 하지만 그 시간을 어떻게 보내느냐에 따라 '3년이 지나도 아마추어' 혹은 '알차게 성숙한 프로'로 나뉜다. 무조건 시간을 보내는 것보다 그 시간을 보내는 마음가짐과 태도가 어마어마한 결과의 차이를 가져 온다는 뜻이다. 나는 판단 착오로 최악의 론칭 방송을 경험하고 난 이후 다시는 이런 일을 겪지 않기 위해 결심한 것들이 있다.

첫째, 이것도 곧 지나가리라. 감정의 기복을 최소화하자. 감정은 모든 일의 근원이 된다. 언제 어디서든 평정심을 유지하는 것만으로도 일의 결과는 성공 쪽으로 기운다. 지나가는 누군가의 한마디, 사소한 감정 변화에 연연하는 순간 페이스는 무너지고 만다. 나는 이미 수차례의 방송을 감정의 기복 혹은 긴장감이나 부담감 때문에 좋지 않게 진행했던 경험이 있다. 산은 산이요 물은 물이니, 있는 그대로의 자신을 받아들이고 편안한 상태를 유지하자.

둘째, 빅 픽처를 기억하면서 순간순간 흐름을 놓치지 말자. 1분, 1초에 콜이 왔다 갔다 하는 홈쇼핑 생방송. 어떤 일이 생기더라도 오늘 내가 해야 하는 이야기와 달성해야 할 목표를 잊으면 안 된다. 순간 콜이 좋지 않거나 반대로 주문이 폭발할 정도로 고객이 몰려들더라도 흐름이 제대로 된 방향으로 가고 있는지 파악해야 한다. 목적지는 분명히 정해져 있다. 자동차 내비게이션이 현재 경로를 파악해 중간중간 지름길을 알려 주듯 감각적으로 방송의 흐름을 읽어라.

셋째, 남을 의지하지 말고 자기 자신만 믿어라. 협업에서 절대 잊으면 안 되는 사실 중 하나는 '이 정도는 누군가 알아서 해 주겠지'라는 막연한 착각을 피해야 한다는 것이다. 다소 닦달하는 사람처럼 보일지 몰라도 꼭 짚고 넘어가야 할 게 있으면 끝까지 내 눈으로 확인하고 넘어가야 탈이 없다. '연관 부서가 도와주지 않아서', '시간이 부족해서' 등의 핑계는 프로에게 통하지 않는 법이다.

3년이라는 시간이 걸려 얻은 가장 소중한 재산은 '일에 임하는 나만의 태도'다. 얕은 기술은 금방 바닥을 드러내기 마련이다. 어떤 일을 하든 얼마나 진지하게, 성실하게, 진실하게 임하는지가 나머지 인생을 결정짓는다고 해도 과언이 아니다.

《태도에 관하여》의 임경선 작가는 과거가 현재를 지탱한다는 사실을 책을 통해 이렇게 서술한다.

"변화가 생기면 사람은 과거의 자신으로부터 완전히 벗어나고 싶어 하지만, 모든 것을 새롭게 바꾸려고 애쓰는 것보다 자신이 그간 무의식적으로 쌓아온 '좋은 것들'을 소중히 살려내면 그것이 얼마나 많은 가치를 가져다주는지 모른다. 당연하게 생각하거나 눈에 보이지 않았던 그것들을 새로운 환경에 풀어놓아 보면 그것들이 얼마나 귀중한 자산들인지가 새삼스레 보인다. (중략)

그래서 나는 현재 어떤 일을 하건 일의 기술적 내용보다 그 일에 접근하는 태도를 배우고 쌓아나가는 것이 중요하다고 생각한다. 일하는 방식의 틀을 견고하게 잘 잡아놓으면 그 안에 어떤 내용물의 일을 적용시켜도 조금만 익숙해지면 일을 잘해낼 수 있는 저력이 되어 준다. 다시 말해 과거의 그 어떤 일에 대한 경험도 쓸모없는 것은 없다."

임경선 작가는 12년의 직장생활을 거쳐 11년 넘게 전업 작가로 활동하고 있다. 직장생활을 한 덕에 작품에서 일상에 대해 이야기하는 부분에서는 직장인들이 공감하는 내용이 많고, 방송에 출연해 일과 사랑, 인간관계에 대한 고민 상담을 할 때는 왠지 모를 친근함이 느껴진다. 과거가 계속해서 이어져 그녀만의 저력이 되고 있는 것이다.

치열한 과거를 보낸 덕에 나는 그 어느 때보다 성장할 수 있었다. 그리고 그 어디서도 배울 수 없었던 인생의 법칙을 얻었다. 3년이라는 시간은 나를 궤도에 올려놓은 가장 중요한 시간이었다. 혹시 지금 하루하루의 무게가 무거운 신입 시절을 보내고 있다면 '태도'에 집중해 인고의 시간을 견뎌 보길 바란다. 햇수가 중요한 게 아니다. 부디 현명하게 알찬 과거를 이어나가는 데 집중해 보라.

# 07

# 믿으면
# 진짜 그렇게 된다

낙관론자는 자기의 꿈이 실현되리라 기대한다.
반면에 비관론자는 악몽이 현실이 되리라 예상한다.
**– 로렌스 피터**

　　방송 10년 차인 지금의 나와 홈쇼핑 방송을 막 시작했던 5년 전의 나의 결정적인 차이점은 단 하나다. '나는 잘될 사람이다'라는 확고한 믿음의 유무다. 겉으로만 믿는 척하는 게 아니라 한 치의 부정과 불신도 없이 나를 가득 채우는 믿음이어야 한다. 이렇게 내 안에 상상했던 것보다 훨씬 더 크고 대단한 자아가 있다는 사실을 깨닫고, 믿고, 행동하는 것을 '잠재의식의 힘'이라고 한다.

　　잠재의식이란 심리학에서 쓰는 용어인데, 겉으로 드러나지 않고 숨겨져 있거나 잠겨 있는 내면의식이라고 볼 수 있다. 보다 전문적인 정의를 찾아보니 '의식조차 접근할 수 없는 정신의 영역으로 의식 세계에 존재하는 개인에게도 자각되지 않은 채 활동하고 있다고 추정되는 정신세계'라고 이야기하고 있다. 쉽게 말하면, 이성적인 판단을 통해 일상생활을 좌우하고 당장의 현실을 결정하는 게 현재의식이고, 비이성적이지만 내가 잠을 자거나 활동하지 않을 때도 힘을 발휘하며 결국 미래를 결정짓는 것이 잠재의식이다.

정신 법칙에 관한 세계적 권위자 조셉 머피는 인간의 잠재력에 관한 책과 연설을 통해 많은 사람에게 영감과 용기를 준 인물이다. 나 역시 그의 책《잠재의식의 힘》을 보면서 자신감을 찾을 수 있었고, 변할 수 있었다. 책 속에서 저자는 끊임없이 잠재의식의 성질과 특성을 언급하며 인간이 이를 어떻게 활용해야 하는지 안내하고 있다.

"현재의식의 습관적 사고는 잠재의식에 깊이 새겨집니다. 만약 당신의 습관적 사고가 조화롭고 평화롭고 건설적인 것이라면, 당신의 잠재의식은 조화롭고 평화롭고 건설적인 상황을 만들어 내는 것으로 응답을 할 것입니다. 만약 당신이 항상 공포나 근심 같은 파괴적인 생각에 사로잡혀 있다면, 그것을 고치는 방법은 자신의 잠재의식의 힘을 인정하고 자유와 행복과 완전한 건강을 명령하는 것입니다. 그렇게 하면 창조력이 있는 당신의 잠재의식은 당신의 신적 근원과 같은 힘으로 당신이 마음으로부터 생각하는 자유와 행복을 만들어 내기 시작할 것입니다."

처음 잠재의식의 힘에 대해 접하고 적지 않은 충격을 받았었다. 과연 스스로 믿는 것만으로 이 모든 일이 가능하단 말인가? 어떻게 하면 잠재의식을 나에게 유리하게 적용할 수 있을까? 그 방법은 바로 긍정적인 자기 암시를 거듭하는 것이다.

가뜩이나 자존감이 낮았던 나는 매사를 회의적으로 보고 주변 사람들의 눈치를 많이 보는 편이었다. 나도 모르게 부정적인 자기 암시를 많이 해 왔던 것이다. 그러니 결과도 좋지 않고, 다가올 미래 역시 막막하고 기대되지 않았다. 잠재의식은 인풋과 아웃풋이 명확하다. 자기 암시가 심어지는 대로 잠재의식이란 결과가 탄생하는 것이다.

부정적인 자기 암시의 예를 들어 보겠다.

'쇼호스트도 아니고 홈쇼핑 게스트가 뭘 알겠어.'
'홈쇼핑 방송 5~6년의 경험을 가지고 책을 쓴다니 말도 안 돼!'

이를 긍정적인 자기 암시로 바꿔 보자.

'홈쇼핑 게스트는 회사를 대표해 방송에 출연하고 전문지식을 갖춘 특별한 방송인이야.'
'국내 모든 홈쇼핑을 넘나들며 전자제품 분야로 방송을 진행한 지 6년 차인데, 충분히 책을 쓰고도 남지!'

나는 잠재의식의 힘을 믿으며 되고 싶은 나의 모습을 이미지화해 상상하고 그렇게 될 거라고 거듭 다짐했다. 꾸준히 자기 암시를 한 지 6개월쯤 지나자, 신기하게도 믿는 대로 이루어지는 기적이 나에게도 일어나기 시작했다. 중요한 방송이거나 친숙하지 않은 스태프들과의 방송이면 다소 긴장되고 딱딱한 모습으로 방송을 했었는데 어느새 항상 여유 있게 방송을 진행하는 나를 보게 된 것이다. 매출 결과에 일희일비하지 않으며 꾸준히 평정심을 유지하는 내 모습 역시 생소했지만 사실이었다. 뿐만 아니라 방송을 통해 만나는 다양한 사람들로부터 당당한 분위기에서 전문가 포스가 느껴지고, 함께 방송하면 믿음이 간다는 기분 좋은 이야기도 들을 수 있었다. 진정한 기도가 결국 응답을 받듯이 차곡차곡 쌓은 믿음의 탑이 현실이라는 결과로 돌아온 것이다.

유능한 홈쇼핑 진행자가 되겠다는 자기 암시의 연장선에서 내 이야기를 담은 책을 출간하겠다는 것 또한 간절한 기도의 대상이었다. 그리고 지금 당신이 이 책을 읽고 있다면 현실로 이루어진 것일 테니 이것 역시 잠재의식의 힘이자 믿음의 힘이다. 무조건 이루어질 거라는 믿음이 없었다면 이러한 결과를 이뤄 낼 수 없었을 것이다.

가끔 지인들에게 믿음의 힘에 대해 이야기하면, 하나같이 너무 추상적인 개념이라며 끼워 맞춘 것이 아니냐는 핀잔을 들을 때가 있다. 하지만 주변을 한번 잘 살펴보라. 회사에서 능력자로 불리는 누군가는 매사에 '자신 있다', '잘될 거다'라는 말을 거침없이 하는 사람일 것이고, 사업을 성공시킨 누군가는 좌절하지 않고 꿋꿋하게 밀고 나갔던 사람일 것이다. 어마어마한 소득을 올린 누군가 역시 이전부터 열정적으로 자신은 부자가 될 것이라는 강력한 믿음을 지녔던 사람이었을 확률이 높다. 어떤 일이든 믿음과 노력이라는 인풋의 질과 양에 따라 성패가 갈리게 된다.

오늘도 나는 끊임없이 긍정적인 자기 암시 중이다. 그리고 매일 이렇게 기도한다.

"나는 매일 좋은 컨디션으로 건강하게 살고 있다. 앞으로 더 건강하게 살 것이다."

"나는 전문직에서 인정받으며 일하고 있다. 앞으로 더욱더 의미 있고 행복한 일을 하며 살 것이다."

"모든 것이 내가 소망한 대로 이루어졌다. 계속해서 내가 꿈꾸는 대로 이루어질 것이다."

지금 어떤 이야기를 믿고 따르는가. 믿는 그대로 현실이 될 것이다. 우리의 뇌는 현실과 상상을 구분하지 못하고 스스로 믿는 것에 대한 답을 어떻게든 찾아낸다는 사실을 기억하자.

# 고객의 마음을
# 사로잡는 7가지 기술

# 공감으로 고객의
# 마음을 움직여라

01

남을 너그럽게 받아들이는 사람은 항상 사람들의 마음을 얻게 되고,
위엄과 무력으로 엄하게 다스리는 자는 항상 사람들의 노여움을 사게 된다.
- 세종대왕

홈쇼핑은 1시간 남짓한 방송을 통해 고객이 만져 보지도 못한
상품을 덜컥 구매하게 하는 특이한 유통채널이다. 물론 온라인을
통해서 제품을 구입할 때도 이미지와 글만 보고 구매를 결정하긴
하지만, 사전에 구매해야겠다는 니즈가 있었고 조건 비교를 한
다음에 구매하는 경우가 많다. 하지만 홈쇼핑은 생각지도 않았던
제품이었는데 방송을 보다가 니즈가 생겨 주문하게 된다는 것이
가장 큰 차이라고 할 수 있다. 어떻게 짧은 시간에 수백, 수천 명
고객의 마음을 설득해 구입까지 유도할 수 있을까. 이 부분에서
사람의 마음을 움직이는 힘, 공감에 대해 이야기하지 않을 수가
없다.

공감과 커뮤니케이션의 대가라고 불리는 데일 카네기와 한 식

물학자에 관한 유명한 일화가 있다. 한 파티에서 저명한 식물학자와 만나게 된 카네기는 당시 실내 정원을 가꾸고 있었던 터라 그의 이야기를 몇 시간이나 경청하게 되었다. 어찌 보면 자신과 관련이 없는 식물에 대한 전문적인 이야기였음에도 간간히 질문을 섞어가며 귀를 기울였다. 그 식물학자는 파티를 주최한 사람은 물론, 이후 자신이 만나는 모든 사람에게 데일 카네기야말로 가장 대화를 잘하는 사람이라는 칭찬을 늘어놓았다. 열심히 이야기를 들어 준 것만으로 카네기는 식물학자는 물론 대중에게 영향력을 행사하게 된 것이다.

이 사례는 적극적 경청이야말로 사람의 마음을 움직이는 가장 큰 힘이라는 사실을 알려 주고 있다. 하지만 홈쇼핑 방송은 진행자가 고객과 이야기하듯이 자문자답하며 대화를 이끌어 가야 한다. 적극적 경청을 할 수가 없다는 이야기다. 하지만 이야기를 들어 주는 것만이 경청은 아니다. 상대의 입장을 끊임없이 생각하고 배려하며, 결국 듣고 싶은 이야기를 해 주는 것도 일종의 경청이 반영된 대화법이다.

비슷한 상황 중 하나가 바로 강의 현장이다. 보통 강의는 가르침을 주는 사람이 거의 일방적으로 메시지를 전한다고 생각하는 경우가 많은데 결코 그렇지 않다. 상대의 입장에서 필요한 정보를 전하고 공감 가는 피드백을 줬을 때 청중의 마음을 움직일 수 있다.

나는 홈쇼핑 방송을 하기 전에 스피치 아카데미에서 코칭 강사로 일한 적이 있다. 방송 경험은 많았지만 누군가를 가르쳐 본 경험은 없었기에 수강생들에게 어떻게 다가가야 하나, 어떻게 하면 강의를 잘할 수 있을까에 대해 치열하게 고민했다. 지금까지는 내가 방송을 잘할 수 있을지에만 집중했었는데 상대가 말을 잘할 수 있게 지도하는 것은 엄연히 다른 일이라는 것을 체감했다. 결국 내가 찾아낸 해결책은 진심과 열정이었다.

수강생들이 원하는 것은 자신의 스피치가 변화되어 좋은 화술을 갖추는 것이니 그들이 진심으로 변화되기를 바라는 마음으로 강의했다. 아무리 나아질 기미가 보이지 않는 사람이라도 포기하지 않고 열정적으로 지도했다. 그랬기에 2시간 30분의 수업이 끝나고 나면 내 안에 있는 모든 에너지를 다 쏟은 느낌이었다. '이렇게까지 할 필요가 있을까, 적당히 피드백해 주고 쉽게 가도 욕먹지 않을 텐데'라는 해이한 생각이 든 적도 있다. 하지만 초보 시절부터 요령을 배우고 싶진 않았다. 실력이 부족할수록 더 기본에 충실하자는 게 강의에 임하는 내 마인드였다.

진심은 통하는 법, 강의가 끝난 후 수강평을 확인해 보니 "너무나도 열정적이라 그 에너지가 전해진다.", "열심히 강의해 주시고 꼼꼼히 피드백 주셔서 많은 도움이 되었다." 등의 의견이 많았다. 심지어 수강생 중 한 회사의 임원이었던 분은 초보 강사인 나에게 자신의 회사 직원들을 대상으로 한 커뮤니케이션 교육을 맡기고 싶다고 이야기해 기쁘면서 당황스러웠던 적도 있다. 내 실력이 완벽해 이런 평가를 받은 게 아니다. 그들이 원하는 것을 해결해 주면서 듣고 싶은 이야기를 해 주었기에 가능한 것이었다.

그렇다면 홈쇼핑은 어떻게 보이지 않는 고객의 마음을 움직일 수 있을까. 방송 전의 과정을 살펴보면 해답을 찾을 수 있다. 홈쇼핑 생방송에 들어가기 몇 주 전부터 사전 미팅을 통해서 제품 설명 순서를 정하고 강조할 내용과 그렇지 않은 것들을 선별하게 된다. 여기서 가장 우선적으로 생각하는 것이 바로 고객의 입장이다. 방송 전문가인 PD, 쇼호스트나 상품 전문가인 MD가 생각하는 것이 우선이 아니다. 주부인 A가, 워킹맘인 B가, 싱글족인 C가, 노년에 접어든 D가 어떤 부분에서 공감하며 제품에 매력을 느낄 수 있는가를 가장 먼저 고민한다. 고객의 상황과 심정을 고려해서 치밀하게 방송 전략이 만들어지기에 불특정 다수에게 노출됨에도 단번에 많은 고객들의 마음을 사로잡을 수 있는 것이다.

홈쇼핑 히트상품 중 하나인 '휴롬'은 집집마다 한 대씩 샀던, 그야말로 매진을 부르는 제품이었다. 2006년에 원액기가 처음 출시됐을 때만 해도 제품의 이름은 '콩쥐'였다. 기존 녹즙기 대비 발달한 기술력이 들어가 콩으로 두유를 만드는 능력이 탁월하다는 데서 비롯된 것이었다. 더불어 채소나 과일로 주스를 만들 때 콩을 넣으면 비타민과 미네랄, 단백질까지 풍부한 '소이주스'를 만들 수 있다는 점을 내세워 고객에게 다가갔다. 하지만 원액기의 가격은 30만 원대로, 당시 홈쇼핑에서 만능 녹즙기를 10만 원대에 구입 가능했기에 고객이 전혀 매력을 느끼지 못했다.

이후 콩쥐라는 이름을 '휴먼+이로움=휴롬'으로 바꾸고 전 국민을 상대로 '건강'을 팔겠다는 새로운 콘셉트의 브랜딩이 탄생했다. 그리고 홈쇼핑 방송에서는 일체 성능에 대해 강조하지 않았다. 수십 가지의 채소와 과일을 보여 주며 그 자리에서 휴롬으로 갓 짜낸 주스를 마시고, 영양소에 대해 이야기했다. 세대를 막론하고 가장 중요하게 생각하는 가치인 건강, 바로 그 건강을 책임지겠다는 메시지를 강력하게 전달한 것이다.


최근 가전계의 핫 이슈가 되고 있는 상품은 의류건조기다. 해외에서는 세탁기 옆에 의류건조기를 설치하는 게 필수였으나 우리나라의 경우 빨래는 야외에서 바짝 말리는 생활문화다 보니 따로 건조 기능만 가진 가전을 필요로 하지 않았었다. 하지만 미세먼지, 황사, 자연 건조가 힘든 날씨 등의 환경적인 영향으로 야외가 아닌 실내에 빨래를 말리게 된 요즘, 의류건조기는 주부들에게 그야말로 구세주와 같은 제품인 것이다.

홈쇼핑 역시 이를 놓치지 않고 공격적으로 의류건조기를 판매하고 있다. 방송을 가만히 보다 보면 제품의 원리나 기술력에 대해 그리 길게 이야기하지 않는다. 전기료, 필터, 설치 장소 및 방법 등에 대해서만 언급한다. 그리고는 끊임없이 이 제품이 설치되는 순간 주부들의 삶이 얼마나 편리해지는지, 가족들의 피부에 닿는 옷과 이불 등이 얼마나 쾌적하게 관리되는지를 집중적으로 강조한다. 어려운 말로 기술력을 강조하기보다는 기술에 대해 믿음을 줄 수 있는 핵심만 전달하고 고객이 가장 궁금해하는 혜택, 이 제품을 사용했을 때 얻는 이득을 같은 주부의 입장에서 공감 어리게 전달하는 것이다. 100만 원이 넘는 의류건조기가 한 시간에 수백 대씩 판매되는 근본적인 이유는 경청의 자세로 고객의 입장에서 제품을 돌아본 결과, 고객의 가려운 부분을 제대로 긁어 주었기 때문이다.

언젠가 홈쇼핑 방송 진행자들이 가장 많이 쓰는 단어가 '정말' 이라는 이야기를 들은 적이 있다. 지금껏 홈쇼핑에서 판매한 다양한 제품들의 지나치게 과장된 약속에 지친 고객들이 홈쇼핑의 말을 쉽게 믿지 않으니 믿어 달라는 의미에서 반복적으로 사용했을 터이다. 말로만 정말이라고 할 게 아니라 진정으로 고객의 입장에서 제품을 파악하고 필요한 이야기를 해 준다면 화려한 수식어가 없어도 담백하게 고객의 마음을 움직일 수 있다.

# 02 진심은 카메라 너머의
# 고객을 감동시킨다

우리가 어떤 감정을 느끼면 그것이 신체의 모든 세포로 전달되어 바깥으로 퍼진다.
(중략) 그것이 부정적이든, 긍정적이든, 무관심이든, 열정이든, 냉담함이든,
목적의식이든 저절로 알게 된다.

**– 존 고든**


홈쇼핑 방송 4년 차에 접어들 때쯤 한 관계자가 내게 이런 이
야기를 했다.

"예전에는 지민 씨가 방송에서 꼭 사라고 강조할 때 보면, 다
급한 분위기로 긴장감을 조성해서 몰아가는 스타일이었거든. 근
데 요즘 방송을 보면 목소리에서 진심으로 이걸 사야 한다는 감
정이 느껴져. 진심으로 호소하는 걸 보니 나도 모르게 '이건 꼭
사야겠구나!'라는 생각이 들더라니까."

방송을 하다 보면 진심으로 이 제품과 조건은 고객이 놓치지
말았으면 하는 간절한 마음이 생길 때가 있다. 그게 표정과 목소
리로 전달된다면 어느 고객이 마다할 수 있을까. 홈쇼핑 판매뿐만
아니라 1:1로 판매하는 직종에 몸담고 있다면 더더욱 어떻게 해

야 진심을 전달할 수 있을지에 대해 고민해야 한다.

패션, 뷰티, 명품 전문 쇼호스트로 활동했던 정예선 쇼호스트는 고운 외모와 심성이 방송에서도 그대로 전달되어 많은 사랑을 받았다. 나 역시 그녀가 방송했던 제품들을 구매한 적이 한두 번이 아니다. 그녀가 사람의 마음을 움직이는 비법은 주부들의 심리를 파악해 그들이 공감대를 느낄 수 있는 멘트를 하는 것이다. 그녀는 실제로 판매할 제품과 관련된 매장을 직접 찾아 현장에 있는 소비자들과 이야기를 나누며 그들이 원하는 바를 정확히 읽어냈다. 또한 찜질방에 자주 가서 주부들의 세상사는 이야기를 들었다고 한다. 그래서 그런지 그녀의 말에는 진심이 담뿍 묻어나온다. 잡지에 실린 그녀의 기사 중에 이런 내용이 있다.

"정예선 씨가 중요하게 생각하는 것은 화려한 말솜씨보다 제품에 대해 솔직하게 말하는 것. '소비자들에게 거짓말을 하지 말자'는 것이 그녀의 신조다. 정말 좋은 물건과 조건이면 과장된 말을 쓰지 않아도 소비자들이 알 것이라고 믿기 때문. 그래서 방송에서 제품의 아쉬운 점에 대해 말할 때도 있다. 제품을 판매해야 하는 입장에서 쉽지 않은 일이지만, 지금까지 그녀는 자신의 소신을 지켜 왔다. '친구들끼리는 물건을 산 다음에 좋고 나쁜 점을 꼼꼼히 말해 주잖아요. 저 역시 그런 마음으로 방송을 해요.' 그녀는 특히 가끔씩 파격적인 할인이나 좋은 조건으로 제품이 판매될 때는 혼자 알기 아깝다는 생각이 절로 든다고 했다. 좋은 것이 생기면 누구보다 먼저 많은 사람에게 알려 주고 싶은 욕심이 생긴단다."

그녀가 얼마나 카메라 너머의 고객을 아끼고 진심으로 다가가는지 느껴지는 대목이다.

실제로 물건을 사러 갔다가 판매원이 너무나도 솔직하게 제품의 아쉬운 점을 이야기해 줬을 때 오히려 더 구매 욕구가 올라가는 경험을 한 적이 있을 것이다. 왜일까? 우리는 물건을 살 때 합리적이고 이성적으로 소비한다고 생각하지만, 자신도 모르게 감정이 구매의 결정적인 요인이 되는 순간이 많다. 기계적으로 제품의 강점만을 강조하는 판매원들 사이에서 이 제품을 쓸 나를 진심으로 생각해 아쉬운 점도 안내해 주는 누군가가 있다면 당연히 감동받지 않을까? 여기서 중요한 사실은 제품의 아쉬운 점은 주인공이 아니라는 것이다. 절대 강점을 훼손하지 않는 범위 내에서, 고객이 꼭 필요로 하는 제품 특성이 아닌 부가적인 부분에서 한두 가지 정도 아쉬운 점을 솔직하게 제시해야 효과가 있다.

커브드 TV가 출시되고 오프라인에서 화제가 되며 판매가 호조를 보이자, 여세를 몰아 홈쇼핑에서도 커브드 TV를 판매하게 되었다. 매장에서는 커브드 TV의 압도적인 몰입감이나 생생한 화질을 실제로 느낄 수 있지만, 홈쇼핑을 통해 본 고객들은 TV를 한번 거쳐 감상하다 보니 이게 얼마나 좋은 건지 긴가민가 여겨질 수밖에 없다. 커브드 TV의 핵심은 단번에 눈으로 느껴지는 화질인데 이 부분이 홈쇼핑 판매에서는 아쉬울 수밖에 없는 것이다. 거기에 평면 TV 대비 가격이 비싸다 보니 이를 어떻게 설득해야 하나 고민되었다. 심지어 '좋은 화질'이라는 건 사람에 따라 다를 수밖에 없는 주관적인 개념이 아닌가. 어떻게 하면 고객이 커브드 TV를 생활에 꼭 필요한 제품이라고 생각하게 할 수 있을까.

커브드 TV의 특성이 원근감을 느끼게 해 실제로 눈앞에 있는 것처럼 느껴지게 하는 화질이라는 점에서 아이디어를 얻었다. 뉴스나 생활정보 프로그램 같은 스튜디오에서 진행되는 프로그램을 볼 때는 굳이 원근감이 느껴지지 않아도 된다. 정보만 잘 전달받으면 되니까 말이다. 그런데 드라마 속 남자 주인공의 얼굴이 진짜 내 눈앞에 있는 것처럼 느껴진다면, 여행지의 생생한 현장을 담은 장면이 진짜 눈앞에 펼쳐지는 것 같은 착각마저 든다면 이야기가 달라진다. 바로 이 점을 내세워 쇼호스트의 입에서 이런 멘트가 나왔다.

"혹시 TV로 뉴스만 보시고, 다른 건 거의 안 보신다면 이 제품은 구입할 필요 없습니다. 스포츠나 드라마 잘 안 보시나요? 그럼 이 TV 필요 없어요. 평면 TV 사셔도 됩니다. 용도에 비해서 굳이 더 비싼 돈을 투자하실 필요가 없다는 거예요. 그런데 그게 아니라 영화나 드라마 좋아하시나요? 주말에 스포츠 경기 보거나 여행 프로그램 보시면서 힐링하세요? 그렇다면 커브드 TV 보셔야 됩니다. 같은 장면이라도 평면이나 커브드냐에 따라 느끼는 감동이 달라집니다. 왜 커브드 TV가 더 비쌀까요? 단순히 화면이 휘어서? 이 화면은 여러분이 최적의 몰입감과 감동을 느낄 수 있도록 세팅된, 순전히 눈이 호강하기 위해 만들어진 곡률을 자랑합니다. 주의사항, 이 제품으로 TV를 보기 시작하는 순간 다른 TV는 생동감이 안 느껴져 못 보게 되실 수도 있습니다."

다소 비싼 가격임에도 불구하고, 실제로 TV 앞에 서 보지도 않은 고객들이 1시간 만에 수백 대의 커브드 TV를 구입했다. 강점인 화질과 단점인 비싼 가격을 내세워 오히려 고객 안에 내재되어 있던 TV 화질에 대한 니즈를 자극한 것이다.


우리는 누군가와 오랜 시간 이야기하지 않아도 계속 만나고 싶은 사람과 그렇지 않은 사람을 판단할 수 있다. 전자는 상대를 진심으로 생각해 배려 깊은 대화를 이어가는 사람이고, 후자는 자신을 우선순위에 두고 허세를 떨며 대화하는 사람이다. 일반적인 대화도 이럴진대 카메라 너머의 고객에게 진심을 전달하려면 얼마나 많은 노력과 고민이 필요할까. 진심은 어느 순간 갑자기 만들어지는 것이 아니다. 또한 아무리 마음을 먹었대도 효과적으로 진심을 표현하기도 어려운 법이다.

혹시 판매에 있어 고객에게 진심을 전달하고 싶다면 판매자에서 벗어나 친구나 가족에게 제품을 추천한다 생각하고 세일즈 포인트를 잡아 볼 것을 추천한다. 물론 제품 개발자나 마케팅 담당자도 충분히 이 부분에 대해 고민해 전략을 짰겠지만 현장에서 느끼는 감각은 또 다른 법이다. 나는 신제품이 출시되면 회사로부터 전달받은 공식적인 세일즈 토크나 판매 전략을 무조건 수용하지 않고 객관적으로 살펴본다. 혹시 가식적으로 느껴지는 내용이 없는지, 제품의 판매를 장려하기 위해 억지로 끼워 넣은 내용이 있는지, 내가 고객이라면 우리 제품을 구입할 것인지 등 한발 떨어져 바라보면 어디에 진심이 들어가야 하는지가 보인다.

실제로 내가 100% 공감하지 못한 내용인데 구색에 맞춰서 제품을 설명하면 사전 미팅에서 PD, 쇼호스트들이 기가 막히게 알아채고 비판적인 질문을 쏟아낸다. 그들은 홈쇼핑 유통의 최전선에서 고객과 만나는 전문가이기에 진심이 아니면 외면받는다는 사실을 누구보다 잘 아는 것이다. 판매에 대한 열정과 고객에 대한 진심이 황금비율을 이룰 때 가장 성공적인 방송, 매출이 따라오는 법이다. 가장 무서워해야 할 사람, 처음부터 끝까지 눈치를 봐야 할 대상은 다름 아닌 고객이다.

# 리액션은
# 크고 분명하게 하라

우리는 보이는 대로 믿는 것이 아니라, 이미 믿고 있는 대로 본다.
우리 삶에 놓인 모든 것은 내가 끌어당긴 것이다.

**– 브라이언 트레이시**

전문 방송인이자 자신의 이름을 내건 홈쇼핑 방송까지 진행하고 있는 최유라 씨는 정색하며 방송을 진행하기로 유명하다. 동그란 눈을 크게 치켜뜨고 눈썹을 찌푸리기도 하며 한참 동안 카메라를 노려보기도 한다. 어쩌다가 채널을 돌린 사람들은 왜 TV에 나와서 인상을 쓰고 있나 싶겠지만, 모르고 하는 이야기다. 고객들은 그녀가 인상을 쓰고 정색을 할 때마다, 이건 꼭 사야 되는 거구나 결심하게 되니 말이다.

앞서도 이야기했지만, 사람의 마음을 움직이는 건 진심이고, 홈쇼핑 방송 역시 진심을 전하기 위해 노력해야 한다. 그렇다면 진심을 전달하기에 가장 효과적인 수단은 무엇일까. 바로 표정, 몸짓, 목소리다. 홈쇼핑 방송 진행자들에게 가장 자주 볼 수 있는 표정은 예쁘게 활짝 웃는 모습이고 가장 자주 들을 수 있는 목소리는 한껏 격앙되고 흥분한 목소리다. 일반적으로 기분 좋은 미소로 접근해 오는 사람에게 모질게 굴지 못하는 것처럼, 시선을 사로잡아 방송을 보게 하는 가장 큰 힘 역시 밝은 미소. 여기에 TV라는 매체의 특성상 리액션은 크게, 목소리도 크고 분명하게 해야 시청자가 보기에 신나 보이고, 의도가 또렷하게 전달되다 보니 홈쇼핑 진행자들의 목소리는 대체로 크고 시원시원한 경우가 많다.

예전에 쇼호스트를 준비하며 아카데미를 다닐 때의 일이다. 웃을 때마다 예쁜 반달눈이 되고 양 볼에 보조개가 쏙 패는 친구가 있었다. 그녀 역시 자신의 웃는 모습이 매력적이라는 걸 잘 알고 있었기에 PT를 할 때도 시종일관 얼굴에서 미소가 끊이질 않았다. 그녀의 PT가 끝나고 쇼호스트 강사님의 피드백은 충격적이었다.

"누군가랑 5분 동안 대화를 한다고 해 보자. 그 사람이 5분 내내 웃고 있다면 어떤 기분이 들까? 처음엔 기분 좋지. 근데 뭔 이야기를 하든 계속 웃고 있는 거야! 나중엔 이런 생각이 들걸? 지금 나를 놀리는 건가? 저 사람이 진실을 이야기하고 있긴 한가? 결국 거부감이 들게 되어 있어. 표정의 변화가 있어야 상대의 감정이 느껴지지 않을까? 시종일관 예쁘게 웃는 건 결코 장점이 아니야."

홈쇼핑 진행은 어느 정도의 연기력이 필요하다. 물론 실제로 감정 표현력이 풍부해 굳이 의식적으로 연습하지 않아도 자연스레 다양한 표정과 분위기로 이야기할 수 있다면 최고겠지만, 그 정도의 표현력을 갖춘 사람이라면 이미 배우의 길로 나섰을 것이다. 그 정도의 경지가 아니라면 꾸준한 트레이닝으로 표현력을 높여야 한다.

먼저 표정부터 풀어보자. 우리의 얼굴에는 80여 개의 근육이 자리하고 있어 온갖 표정을 만들어 낼 수 있다. 하지만 이런 얼굴 근육을 제대로 활용하고 있는 사람은 많지 않다. 팔 근육이 부족한 사람이 팔굽혀펴기를 잘할 수 있는가? 몸을 일으키지 못해 끙끙대다 그대로 철퍼덕 엎어지고 말 것이다. 마찬가지로 얼굴에 아무리 많은 근육이 있다고 해도 평소에 잘 쓰지 않는다면 절대 표정이 잘 지어질 리가 없다. 심지어 얼굴 근육은 신체의 다른 근육에 비해 노화가 빨리 나타나기 때문에 잘 굳는다는 무서운 사실을 잊지 말아야 한다.

눈썹부터 눈동자, 광대, 볼, 입까지 자유자재로 움직여 보자. 눈썹을 위아래로 들썩들썩, 눈동자를 상하좌우로 돌린 다음, 질끈 감았다가 떠 본다. 입술 양 끝을 한껏 끌어올려 광대를 올렸다가 다시 축 늘어뜨려 원래의 위치대로 한다. 입을 크게 벌렸다가 모았다가 다양한 입 모양을 연출해 보고 볼에는 바람을 넣어다 뺐다 한다. 내가 자주 하는 얼굴 스트레칭이다. 생방송에 들어가기 전 화장실에 잠깐 들러 이렇게 얼굴 표정을 풀어 준다. 아무것도 아닌 것 같지만, 이렇게 얼굴 근육을 자주 써 줘야 긴장되는 순간에도 자연스러운 표정이 나온다.

셀카를 자주 찍는다면 훌륭한 표정 연습을 하고 있는 편이다. 남들이 보는 나의 모습을 알 수 있는 가장 좋은 방법은 촬영을 해 보는 것이니, 사진이나 영상을 셀프로라도 자주 찍어 보길 추천한다. 그리고 혼자서 보지 말고 주변에 조언을 해 줄 수 있는 사람에게 꼭 물어보라. 내가 보기엔 괜찮은 표정도 남들이 봤을 때는 별로일 수 있기 때문이다. 또 스스로 몰랐던 나쁜 습관 역시 촬영을 해 봐야 파악할 수 있다.

몸짓, 즉 보디랭귀지는 비언어 커뮤니케이션에서 큰 부분을 차지하고 있어 특히 공식적인 자리에서는 더욱 신경을 써야 한다. 짝다리 짚기, 팔짱 끼기, 뒷짐 지기 등의 기본적으로 해서는 안 되는 몸짓을 하지 않는 건 기본이다. 메시지에 부합하는 몸짓을 썼을 때 상대에게 완벽한 의미가 전달될 수 있다.

특히 두 손을 잘 써야 하는데, 손을 너무 자주 움직이면 부산스러운 느낌이 들고 메시지에 집중하기가 힘들다. 감정 표현에 자신이 없는 초보일수록 손동작을 많이 써서 의미를 전달하려 하는데 오히려 반대다. 손을 가만히 두는 것이 훨씬 낫다. 최유라 씨의 경우 홈쇼핑 방송에서 진지한 표정을 지을 때 절대 손을 쓰지 않는다. 눈빛과 표정만으로 감정을 전달하는 것이다.

팁이 있다면 전신이 나올 때는 액션을 크게 하는 게 좋다. 특히 제품 시연을 하거나 뭔가를 보여 줄 때는 확실한 몸동작으로 눈에 띄어야 한다. 반대로 바스트 숏으로 얼굴만 잡을 때는 손을 내려놓고 표정에 집중하는 편이 훨씬 낫다.

홈쇼핑 생방송을 1시간 정도 진행한다고 했을 때, 얼굴이 나오면서 설명하는 시간은 아무리 길어도 20~30분 사이에 불과하다. 이를 '디테일'이라 한다. 나머지는 자료영상이 나오면서 목소리로만 방송을 이끌어 가며, 이를 '오프'라고 한다. 홈쇼핑 방송 진행자에게 있어 목소리가 중요한 이유가 여기에 있다. 목소리만 나오는 시간이 매우 길기 때문에, 호감 가고 매력 있는 목소리만으로 고객의 주문을 이끌어 내야 한다.

목소리 트레이닝의 기본은 복식호흡과 발성, 발음이다. 하지만 이는 꾸준히 연습해야 가능하다. 제대로 목소리 트레이닝을 받고 싶다면 나에게 연락해 보라(010.9908.8403). 스무 살부터 10년 넘게 트레이닝을 해 온 전문가로서 소리에 대해서만큼은 제대로 된 코칭을 해 줄 수 있다.

당장 활용할 수 있는 팁이 있다면, 포즈(쉼)와 변화를 주라는 것이다. 대화를 할 때를 생각해 보자. 친구에게 신나게 이야기를 쏟아내다가도 눈을 마주치며 "무슨 말인지 알겠지?", "네 생각은 어때?"라며 동의를 구하거나 중간 점검을 하는 경우가 있지 않은가. 고객에게도 그런 순간이 필요하다. 자문자답일지라도 질문을 했으면 1~2초 정도 상대가 생각할 시간을 줘야 하고, 강조하고 싶은 내용을 말하기 전에 충분히 상대가 궁금해할 수 있게 포즈를 줘야 한다.

또한 목소리 톤은 물론, 속도에도 변화를 줘야 지루하지 않다. 가수가 고음이 자신 있다고 해서 노래를 부르는 내내 고음역대의 소리만 낸다면, 아무리 노래를 잘한다 해도 끝까지 듣기 힘들 것이다. 고음, 중음, 저음을 다양하게 활용해 생동감 넘치는 분위기를 연출해야 한다.

속도 역시 매우 중요하다. 방송 초반에 나는 말 빠르게 하기의 달인이었다. 얼마나 빨리 했는지 주변에서 '래퍼'라고 불렸을 정도였다. 대본이 없는 홈쇼핑 방송의 특성상, 진행 흐름에 따라 치고 빠지면서 멘트를 효율적으로 해야 하는 경우가 많다. 이렇다 보니 정해진 시간에 하고 싶은 말을 모두 하려다 속도가 빨라진 것이다. 속도의 경우 한번 습관이 들면 쉽게 고치기 어려우니, 절대 급한 마음에 빨리 이야기하려고 하지 말아야 한다. 천천히 여유 있게 말하면서 중요한 순간에 한 번씩 긴장감을 배가시키기 위해 속도를 높여라.

축구경기를 중계하는 캐스터라고 생각해 보자. 공격수가 재빠르게 골문을 파고들어 조만간 골을 넣을 것만 같다. 이 상황을 제대로 중계할 줄 아는 사람이라면 숨은 거칠어지고 말은 빨라질 것이다. 그래야 경기를 보는 사람이 함께 그 내용에 몰입할 수 있다.

홈쇼핑에서도 방송 시간이 얼마 남지 않았을 때, 콜 반응이 폭발적일 때 감탄사를 내뱉으며 속도를 빨리 하면 아주 효과적으로 고객에게 긴박함을 줄 수 있다.


아무리 고객에게 진심을 전하고 싶어도 적절한 표정과 몸짓, 목소리가 수반되지 않으면 짝사랑에 그치고 만다. 우리는 늘 가족 혹은 애인에게 이런 말을 하지 않는가.

"표현해야 알지. 표현도 안 하는데 내가 어떻게 알아!"

홈쇼핑 진행자의 표현력은 판매와 직결되기 때문에 매력적이고 호감 가는 표현 스킬들을 자주 접할 수 있다. 누군가에게 진심을 전하고 싶다면 홈쇼핑을 눈여겨보라. 온몸과 마음을 다해 진심을 외치고 있는 그들의 모습에서 분명 배울 점이 있을 것이다.

# 04 부드러움이 강함을 이긴다

우리는 손길, 미소, 따뜻한 말 한마디, 경청하는 귀, 진솔한 칭찬, 사소한 애정 표현의 위력을
과소평가하기 일쑤지만, 이 모든 것은 인생을 180도 바꿔 놓을 잠재력이 있다.
**- 레오 버스카글리아**

쇼핑을 갔다가 정말 마음에 드는 제품을 발견했는데, 안내하는 판매원의 태도가 마음에 들지 않아 구입을 주저했던 경험이 한 번쯤은 있을 것이다. 반대로 고객의 의견을 잘 듣고 부드러운 화법으로 자신의 생각을 어필해 고객의 마음을 사로잡는 뛰어난 판매원들도 많다. 말 한마디만 부드럽게 건네도 고객의 마음을 녹일 수 있고, 생뚱맞은 말과 행동으로 고객을 쫓아낼 수도 있다. 결국 사람을 사로잡는 힘은 강한 설득보다 부드러운 공감에서 나오는 법이다.

치열한 홈쇼핑 방송 현장에서도 언제나 고객과 동료들의 사랑을 받는 쇼호스트들이 있다. 그들의 공통점은 바로 부드러운 카리스마를 가지고 있다는 것이다.

홈쇼핑계의 완판녀(방송 판매 제품들을 매진시키는 능력을 가진 여자)라 불리는 동지현 쇼호스트는 GS홈쇼핑의 간판 프로그램 〈쇼미더트렌드〉의 메인 진행자였다. 그녀의 프로그램은 애청자가 30만 명에 달할 정도로 어마어마한 인기를 누렸다. 유명 스타일리스트, 연예인 게스트 등 출연진들을 조율하며 때로는 옆집에 사는 친한 친구처럼, 때로는 쇼핑 많이 해 본 언니처럼 고객의 마음을 부드럽게 여는 그녀만의 매력이 프로그램의 가장 큰 무기였다.

동지현 쇼호스트는 20대에 비행기 승무원 생활을 했었다. 그리고 스물아홉 살에 쇼호스트가 되면서 동기들에 비해 발성이 덜 된 목소리 때문에 스트레스를 받았던 시절도 있었다고 한다. 하지만 꾸준히 발성 트레이닝을 하면서 목소리를 변화시켰고, 지금은 누가 들어도 호감형인 따뜻하고 유쾌한 목소리로 방송을 진행하고 있다.

그녀의 부드러운 카리스마는 매진을 앞둔 상황에서 더욱 빛을 발한다. 보통의 진행자들은 콜이 급격히 올라가거나 매진의 순간이 다가올 때 목소리 톤이 올라가고 말이 빨라지는 경우가 많은데 반해 동지현 쇼호스트는 결코 흥분하지 않는다. 처음부터 끝까지 조곤조곤하고 친절한 말투로 그녀만의 부드러운 카리스마를 잃지 않는 것이다. 고객이 분위기에 휘말려 충동구매를 하지 않도록, 끝까지 제품을 제대로 잘 보여주는 데 온 마음을 쓰고 있다는 사실을 잘 알 수 있다.

그녀가 '2016 아시아 여성 리더스 포럼'에 참석한 내용을 담은 기사 중 일부를 함께 보자.

"요즘은 홈쇼핑 화면을 통해 라이브톡으로 묻고 답하기를 한다'며 생방송에서 '우리 아이 학교 보내고 커피 마시고 있어요'처럼 전혀 쇼핑과 상관없는 고객 이야기에도 나는 열심히 대답을 하며 시청자들과 교감한다고 밝혔다. 그는 요즘같이 정보가 넘쳐나는 시대에는 '너도 사니? 나도 사' 이런 대화를 나누며 같은 취미를 가진 사람들끼리 공감하는 것이 큰 변화라고 설명했다. 또한 '상대방이 유쾌한 대화라고 생각하는 기준은 상대방이 더 말을 더 많이 했을 때'라며 '친구와의 대화, 비즈니스 대화에서도 내가 더 많은 이야기를 들으면서 맞장구 치고 공감해 주는 것이 비법'이라고 덧붙였다."

소통에서 더 나아가 공감이 먼저라는 생각으로 고객에게 다가간 결과 그녀만의 부드러운 카리스마가 완성된 것이다. 그녀의 화법을 보면서 우리 사회에 만연한 '목소리 큰 사람이 이긴다'라는 말 대신 '차분하고 분명한 목소리로 상대의 말을 잘 들으면서 대화하는 사람이 이긴다'라는 결론을 얻을 수 있다.

방송은 철저한 협업을 통해 탄생한다. 나 혼자 잘하기보다 모두가 같이 잘할 때 좋은 매출 결과도 따라오는 것이다. 모두가 하나같이 맡은 일에 최선을 다할 수 있는 가장 좋은 도구는 '커뮤니케이션'이다. "말 한마디로 천 냥 빚을 갚는다."라는 옛 속담에서 더 나아가 요즘 포털 검색창에 '말 한마디로'를 검색하면 자동완성에 이런 내용들이 나온다.

사람의 기를 살리는
처음 만난 사람도 끌리게 하는
분위기를 확 바꾸어 주는

말 한마디의 힘으로 함께 일하는 사람들이 긍정적인 에너지를 얻어 최선을 다할 수도 있고, 오히려 사기가 떨어져 대충 할 수도 있다. 어떤 커뮤니케이션 스타일이 나뿐만 아니라 모두에게 동기부여가 될 수 있을까.

가끔 고위직에 있는 상사가 부하 직원에게 뭔가를 시키거나 잘못된 점을 지적할 때 옆에 있는 사람이 듣기 민망할 정도로 인격적인 모욕감을 주는 경우를 본 적이 있다. 아마도 그는 주변 사람들에게 이 상황이 자신 때문이 아니라 부하 직원 때문임을 알리고 싶어서 혹은 호되게 혼내야 다음에 똑같은 일이 생기지 않을 거라는 잘못된 생각을 갖고 있는 듯했다. 이런 사람들을 보면 하나만 알고 둘은 모르는 답답한 커뮤니케이션을 하고 있다는 생각에 안타까운 마음이 든다.

잘못을 지적할 때 꼭 비난조로, 엄격하게 훈육하는 방식으로 해야 한다는 선입견부터 버려야 한다. 누구나 잘못을 지적받을 때면 한없이 작아지면서 부끄러운 감정을 느낀다. 그런데 거기에 더해 반복적으로 그 이야기를 들춰내고 전부 잘못한 것처럼 이야기한다면, 자존심이 상할 뿐만 아니라 기분 나쁜 감정이 더해져 사실을 사실대로 받아들이고 행동을 개선하기가 더 어려워진다. 일단은 내 잘못이니 수용하는 태도를 취하겠지만, 과연 앞으로 그 상사와 일을 할 때 최선을 다할 수 있을까?

강한 어조보다 부드러운 어조로 상대의 감정에 초점을 맞추고 대화해야 한다. 상대가 감정의 소용돌이에 휘말려 중요한 사실을 잊지 않도록 최대한 객관적이고 평탄한 어조로 잘못된 점을 알려주는 것이다. 그리고 마무리는 언제나 해결책 제시 및 긍정적인 동기부여다. 부정적이고 감정적인 내용으로 대화를 마무리하면 서로에게 불쾌한 감정만 남는다는 사실을 잊지 말자.

생방송으로 펼쳐지는 홈쇼핑은 방송 준비 과정부터 매 순간이 초긴장 상태다. 서로가 예민한 상황에서 말 한마디도 조심해야 하는데, 신경을 쓰지 않으면 나도 모르게 상대를 자극하는 말을 하고 나중에 후회하는 일이 발생한다. 초창기에는 내 일에만 신경 쓰다 보니 주변을 돌아볼 여력이 없었지만, 지금은 어떤 방송을 하든 현장에서 함께 일하는 사람들의 감정을 중요시한다. 강한 어조, 지시하는 어조는 사람들을 내 편으로 만들지 못하게 한다는 사실을 잘 알기 때문이다. 제품을 구입하는 고객만큼 중요한 사람들이 함께 방송을 만들어나가는 동료들이다. 주변 사람을 귀하게 여기고 부드러운 커뮤니케이션 능력을 키워 나갈 때 최상의 시너지 효과가 일어나 매출과 방송 두 마리 토끼를 다 잡을 수 있다.

# 05 노력의 달인이 되라

성공한 사람들은 성공하지 않은 사람들이 하지 않으려는 일을 기꺼이 하는 사람들이다.
**– 제프 켈러**

쇼호스트 아카데미를 다니며 열심히 홈쇼핑사의 공채를 준비하고 있을 때의 일이다. 며칠에 걸쳐 밤새 준비한 PT를 최선을 다해 펼쳐 보였건만, 대부분의 면접관들은 이렇게 말했다.

"어느 아카데미에서 배웠어요? 요즘은 기계처럼 PT를 연습해서 오는 것 같아. 다 비슷해."

현업에 뛰어들어 그 시절의 내 모습을 되돌아보니 그 이유를 알 것 같다. 제일 중요한 진심이 빠진 채 연기를 하려 했으니 전문가의 눈에는 그 수가 빤히 보였던 것이다.

'노력'이라는 키워드에 자동으로 생각나는 사람이 한 명 있다. 개그맨보다 '달인'이란 호칭이 자연스러운 김병만 씨다. 될 때까지, 쉬지 않고 한계를 넘어서 끝까지 노력하는 그의 모습은 모든 사람들에게 노력의 진정한 의미를 전해 준다. 그의 책《꿈이 있는 거북이는 지치지 않습니다》를 보면 희극배우의 꿈을 안고 상경해 공채 개그맨이 되기까지의 과정을 생생하게 확인할 수 있다.

특히 눈에 띄었던 것은 공채에 합격하기 전에 KBS 〈개그콘서트〉 오디션에 합격해 브릿지(코너와 코너 사이 잠깐 쉬어가는 짤막한 개그)를 맡게 된 사연이었다. 끼가 많은 그를 알아본 선배의 추천으로 담당 PD 앞에서 준비한 개그를 보여 주게 되었다. 전에 없던 발상으로 슬랩스틱 코미디를 완벽하게 소화한 그에게 감독들은 모두 한바탕 시원하게 웃으며 호감을 보였고 이렇게 물었다.

"이런 아이템이 몇 개나 있어요?"

"150개 있습니다."

"에이, 거짓말 말고."

"여기 다 적어 놨는데요?"

그리고는 감독님에게 1번부터 150번까지 번호가 매겨진 개그 아이템을 빼곡하게 적어 놓은 아이디어 노트를 건넸다고 한다. 그의 노력이 빛을 발하는 순간이었다.


노력은 결코 배반하지 않는다. 흉내 내서 그럴 듯하게 보이는 사람과 진정한 노력을 통해 말과 행동에서 그 땀방울이 느껴지는 사람은 천지 차이다. 고객의 눈에 홈쇼핑 방송 진행자가 제품이 좋은 척 연기하는지, 진심으로 노력하는지는 당연히 티가 날 수밖에 없다. 홈쇼핑 방송도 결국 사람이 사람에게 하는 이야기다. 통하는 비법, 철저한 전략보다 앞서는 것은 진심이 담긴 스토리이고, 결국 고객이 나와의 대화에서 얼마나 진실성을 느낄 수 있는가에 따라 제품의 가치가 매겨진다.

제품이나 서비스를 구입할 때 무조건 검색을 통해 후기를 찾아보는 고객들이 많다. 제조사, 유통사가 만든 광고나 홍보 내용이 아니라 각종 블로그나 카페에 올라온 실제 고객들의 후기에 공감해 제품을 구입하는 것이다. 어째서 전문가가 아닌 일반 사람들의 말에 더 높은 신뢰를 보내는 것일까. 그 이유는 과장이 없는 고객 후기의 진실성이 높다고 믿기 때문이다.

그래서 홈쇼핑 전문가들은 제품을 대할 때 사실에 입각한 정보보다 더욱더 디테일한 '진실'에 집중하는 경우가 많다. 아무리 정확한 내용이라도 고객이 진실이라고 느끼는 부분은 다를 수 있기 때문이다. 그 포인트를 파악해 홈쇼핑에서 전달하는 것이 우리의 역할이자 의무라고 생각한다. 이처럼 진실성을 극대화할 수 있는 가장 큰 무기가 바로 노력이다. 노력을 게을리하는 사람이 어떻게 고객의 마음을 얻을 수 있겠는가.


5년 넘게 홈쇼핑 방송을 진행하며 고객의 입장에서 치열하게 고민한 결과, 직접 경험하는 것, 고객의 삶 속으로 직접 들어가 보는 것이 가장 중요하다는 결론을 얻었다. 어떤 제품이든 직접 써보지 않고 생생한 고객의 이야기를 듣지 않은 채 세일즈 토크를 짜면 그 내용은 어느 누구의 마음에도 가 닿지 못한 채 허공에 날아가 버리고 만다.

나는 가전, IT 제품을 전문으로 진행했다. 하지만 직접 써 보지 않고 100만 원이 훌쩍 넘는 제품을 구입하라고 설득하는 것은 어불성설이다. 다행히 급하게 자취를 시작하며 필수품 생활가전 하나 없이 살았던 터라 내가 방송에서 판매한 제품을 한 대씩 구입해 직접 써 보고 느낀 실제 스토리 위주로 세일즈 토크를 짰다.

살림이라곤 전혀 할 줄 몰랐던 내가 대용량의 드럼세탁기와 소형의 전자동세탁기까지 구입해 빨래를 돌려 보고, 디자인과 용량을 고려해 냉장고를 구입하고, 신제품 에어컨을 구입해 써 보면서 냉방과 제습이 얼마나 잘 되는지 실제로 체감했다. 뿐만 아니라 주부들에게 이슈가 되고 있는 무선청소기, 공기청정기, 전기레인지까지 구입해 직접 써 보면서 어떤 점이 편리한지 몸소 느끼고 있다. 한창 고화질·대화면의 스마트 TV를 많이 판매했을 때는 나역시 TV를 구입해 화질의 생생함과 편리한 기능들을 느낀 그대로 방송에서 이야기한 적도 있다. IT 제품에도 관심이 많아 구매한 노트북과 데스크톱만 3대다. 그래서 PC를 판매할 때 더욱 공감 어리게 제품 설명을 할 수 있었다.

직접 구매하지 못한 제품은 어떻게든 직접 구매한 고객의 후기를 찾아 써 본 사람의 입장에서 느낀 제품의 장·단점을 파악하는 것이 기본이다. 오프라인 매장에 가서 실물을 만져 보고, 판매 상담사들이 직접 판매하면서 느낀 다양한 의견 역시 참조한다. 그래도 풀리지 않는 궁금증이나 디테일한 내용들은 개발 담당자와의 대화로 낱낱이 파헤쳐야 겨우 고객을 위한 진실에 접근할 수 있는 것이다.

실제로 홈쇼핑 관계자들이 홈쇼핑의 VIP 고객인 경우가 많다. 직접 홈쇼핑에서 물건을 구입하지 않으면서 홈쇼핑 구매를 독려하는 것이 말이 안 된다고 생각하기 때문이다. 직접 판매하는 제품뿐만 아니라 경쟁사의 제품, 홈쇼핑에서 매진 행렬을 잇고 있는 이슈가 되는 제품들은 먼저 구입해 써 보면서 아쉬운 점은 잊지 않고 반영하고, 좋았던 점은 방송에서 스스로 증언하며 고객과 진실한 대화를 나누기 위해 노력한다.

방송을 준비하며 생각할 게 많아 머리가 터질 것 같을 때, 대충 하고 넘어가고 싶을 때, 이렇게까지 해야 할까 생각이 들 때 나는 마음속으로 이렇게 생각한다.

'지금 대충 준비하면 고생은 덜할지 몰라도 방송하고 나서 결코 뿌듯하지 않을 거야.'

노력이 곧 진심이 되어 고객에게 다가간다는 사실을 알기에 최선을 다해 방송에 임하는 것이다.

세계 최고의 골프선수 제이슨 데이는 한 광고에서 이렇게 말했다.

"저는 발전하는 과정 자체를 즐깁니다. 다른 걸 좋아하는 사람들도 물론 있겠지만 저는 연습하는 것을 즐깁니다. 경기를 위해 준비하는 과정과 준비하는 것을 대회에서 실행하려고 하는 것이 즐겁습니다. 시합에 출전하면 그저 연습한 대로 플레이하고 시합을 끝내면 됩니다. 많은 사람들은 제가 더는 이룰 것이 없다고 생각할지도 모르죠. 그렇기 때문에 오히려 저는 물러설 곳이 없습니다. 그래서 언제나 더 발전하려고 노력하죠."

세계 최고 실력을 자랑하는 선수의 비결은 노력을 즐기는 데 있었다. 당신은 지금 무엇을 즐기고 있는가. 힘들어도 지치지 않고 노력하고 있다면 이미 프로의 길로 들어선 것이나 다름없다. 멈추지 말고 달려 보자, 원하는 결과들이 눈앞에 펼쳐질 것이다.

# 06 냉정하게 준비하고 뜨겁게 방송하라

창의적인 사람들은 서로 다르긴 하지만 한 가지 점에서 일치한다.
그것은 자신이 하는 일을 사랑한다는 사실이다.
그들을 움직이는 것은 명예나 돈에 대한 욕심이 아니다. 좋아하는 일을 할 따름이다.
**– 미하이 칙센트미하이**

　　요즘 젊은 세대들이 많이 쓰는 용어 중에 '단호박'이라는 말이 있다. 단호하게 말하거나 행동하는 태도 혹은 단호한 사람을 지칭하는 용어로 "그 사람 정말 단호박으로 거절하더라."는 식으로 사용된다. 갑자기 '단호박'의 새로운 정의를 언급하는 이유는, 방송을 준비할 때 그야말로 '단호박 마인드'로 임해야 하기 때문이다. 누구보다 냉정해져야 한다는 이야기다. 내가 냉정해질수록 고객은 얻는 게 많아진다.

　　방송할 제품이 정해지면 사전 미팅(홈쇼핑사의 PD, 쇼호스트, MD가 업체 관계자가 만나 사전에 방송 전략을 짜는 미팅) 전에 철저하게 제품의 스펙을 파악하고, 고객에게 주는 가장 큰 가치나 혜택이 무엇인지 스스로 정리해야 한다. 나는 여기서 내가 고객의 입장이라고 생각하고 완벽하게 설득이 될 때까지 파고드는 편이다.

삼성전자의 제품을 판매하면서 그렇게까지 해야 하나 생각할수도 있다. 물론 가전제품을 선택하는 데 있어 브랜드는 1순위로고려하는 부분이다. 유명한 브랜드일수록 따라오는 기본 점수라는 게 있기 때문이다. 하지만 고객들은 인지도 있는 브랜드라고무조건 구매를 결정하지 않는다. 제품의 탄생 배경이 무엇인지, 고객의 니즈를 반영한 것인지, 디자인이나 기능은 최신형인지, 오래쓰는 가전제품인 만큼 지속적으로 만족도를 높여 주는 특장점이있는지 등을 꼼꼼하게 따진 후에야 구매를 결정한다.

상황이 이러니 고객이 공감할 만한 이야기를 만들어 내는 고민은 끝이 없다. 심지어 아무리 생각해도 납득이 되지 않는 부분은 담당자를 붙들고 늘어지며 질문 공세를 퍼붓는 한이 있더라도끝까지 정확한 내용을 알아낸다. 내가 적당히 넘어가는 순간, 방송에서도 어물쩍 설명하게 될 것이고, 결국 고객은 구매하지 않을확률이 높다. 홈쇼핑 사전에 '대충'이라는 단어는 없어야 한다.

예전에 사전 미팅에서 제품 소개를 위해 브리핑을 하고 있는데 한 PD가 이렇게 말했다.

"지민 씨, 삼성 직원으로서 이야기하지 말고 그냥 이 제품이왜 좋은지 이야기해 봐요. 업체 입장에서 이야기하는 건 너무 뻔하잖아. 그런 거 말고, 우리가 공감할 수 있는 이야기, 확 꽂히는 이야기를 해 달라는 거지."

얼핏 듣기에 궤변처럼 들릴 수 있지만, 맞는 말이다. 홈쇼핑 방송의 시청자가 듣고 싶은 이야기는 제조사, 유통사 입장이 아닌, 공감대를 형성할 수 있는 소통의 메시지다. 이 점을 잊지 말고 냉정하게 돌아봐야 한다.

홈쇼핑 방송의 이런 준비 과정을 두 가지로 정의 내리자면 '발견'과 '창조'다. 나는 홈쇼핑 방송을 진행할 때 삼성전자를 대표해서 전국적으로 송출되는 생방송에 나와서 제품을 소개하고 있다는 사명감을 가지고 일했다. 내 행동과 말투, 단어 선택이 곧 제품을 구매하는 배경이 될 텐데, 보다 신중하고 냉정하게 접근해야 고객이 신뢰하고 결정을 내릴 수 있지 않겠는가. 우리 회사 제품인 만큼 애정을 갖고 대하되 냉정하게 제품의 장·단점을 파헤쳐야 고객의 마음 깊숙이 다가갈 수 있다.


팩트 체킹(fact checking)이란 말을 들어본 적이 있는가? 언론사의 신뢰를 상징하는 가장 전문적 영역으로, 고도로 숙련된 기자가 오랜 지적·경험적 자산을 바탕으로 뉴스의 사실 여부를 파악하는 것을 의미한다. 이런 과정을 통해 시청자는 뉴스에 나오는 정보를 믿고 받아들일 수 있는 것이다.

홈쇼핑 방송에도 이런 과정이 있는데 바로 각 홈쇼핑사의 심의팀에서 맡는 사전 심의 과정이다. 상품 정보와 관련해 객관적인 자료를 바탕으로 정확성이 파악된 내용만 통과되어 방송에 노출될 수 있다. 방송을 준비하는 데 필수 과정인 사전 심의를 통과하기 위해 직접 자료를 준비할 때도 있고, 유관부서의 도움을 받아 자료를 받을 때도 있다. 이때 무조건 자료가 준비되었다고 내는 게 아니라 자체적으로도 냉정하게 판단할 때가 많다. 판매에 도움이 되는지 여부보다 고객에게 유익한 정보인지 여부를 먼저 생각하고 자료를 수집할 때 방송의 질은 올라가게 되어 있다.

이런 과정을 거쳐 드디어 실전인 생방송에서는 차가움보다 뜨거움이 고객에게 느껴질 정도로 열정적으로 임해야 한다. 나는 방송을 진행할 때마다 세상에서 가장 흥분 잘하는 사람이 된다. 평소 대화 스타일은 조용한 편이지만, 방송에서만큼은 차분하기보다 수다스럽게, 냉정하기보다 풍부한 감정을 지닌 사람처럼 말하고 행동한다. 마치 드라마에 꼭 등장하는, 항상 주인공을 편들어 주고 다정다감하게 행동하는 친구 역할을 맡은 것처럼 말이다. 홈쇼핑 방송에서 주인공은 판매상품과 고객이고, 나는 시종일관 주인공을 띄워 주며 분위기를 유쾌하게 만드는 친구 역할인 셈이다.

어찌나 열정적으로 방송을 했는지 말을 하다 보면 나도 모르게 얼굴이 시뻘겋게 달아오를 때가 많았다. 그런 나를 보고 함께 방송하는 스태프들은 "또 흥분했다."라며 놀리기도 한다. 이렇게 열정적으로 설명하는 모습을 고객들이 자세히 봐야 한다며 홍당무 같은 내 얼굴을 원숏으로 잡아 식겁한 적도 있다. 혹시라도 홈쇼핑 방송에서 심각하게 얼굴이 빨개져서 말을 하는 사람을 본 적 있다면 바로 나였을 것이다.

이런 열정은 내가 말을 하고 있을 때뿐만 아니라 상대가 말하고 있을 때도 튀어나온다. 나는 평소에 사람들과 대화를 나눌 때도 리액션이 많은 편인데, 방송할 때는 더 열정적으로 진행자의 말에 호응해 방청객인지 함께 출연한 방송인인지 헷갈릴 정도였다.

물론 방송을 진행할 때 상대의 모든 말에 일일이 호응하고 대답할 필요는 없다. 하지만 고객과 쌍방으로 소통하려면 진행자끼리 끊임없는 질문과 대답을 나눠야 한다고 생각한다. 그래야 자신이 하고 싶은 이야기뿐만 아니라 고객의 입장에서 궁금할 수 있는 이야기들, 알고 있으면 도움 되는 이야기들이 툭툭 튀어나오게 된다. 최종적으로 그 쇼핑의 결과가 고객의 삶에 좋은 영향을 미치는 것은 당연한 결과가 아닐까. 홈쇼핑 방송의 궁극적인 목표는 높은 판매량이 아니라 구매로 인해 고객의 만족감이 높아지는 것이니 말이다.

특히 생활가전을 방송할 때는 주부의 입장이 되어 생활에서 느끼는 소소한 이야깃거리들을 쇼호스트와 수다 떠는 기분으로 나누고, 그 대화의 연장선으로 제품을 소개하다 보니 보다 현실적인 제품의 장점을 자연스레 전하게 된다. IT 제품을 방송할 때는 최신 트렌드와 기능 설명에 충실해 보다 정확하게 소개하려고 노력한다. 여기에 요즘은 고객이 직접 앱을 통해 홈쇼핑 생방송에 참여하고 메시지를 보낼 수 있다 보니 고객의 의견을 바로 바로 파악하고 원하는 답을 들려주는 데 많은 비중을 할애하고 있다.

이렇듯 홈쇼핑 방송은 '냉정과 열정 사이'가 아니라 '냉정과 열정의 조화'로 탄생한다. 준비과정은 냉정하고 철저하게, 방송에서는 모든 에너지를 다 쏟아내듯 열정적으로. 연극이나 뮤지컬 한 편을 무대에 올릴 때의 과정이 그렇듯 홈쇼핑 관계자의 냉정과 열정의 결과물이 홈쇼핑 생방송인 것이다.

# 07 결국은 사람이다

사람들을 신뢰하라. 그러면 그들은 당신에게 충실할 것이다.
사람들을 위대한 사람으로 대하라. 그러면 그들은 위대함을 보여줄 것이다.
– 랠프 월도 에머슨

홈쇼핑 관계자들에게 가장 뿌듯한 순간이 언제냐고 물어보면 여러 대답들이 쏟아진다. 열심히 준비한 상품을 방송에서 많은 사람들이 구매했을 때, 실제로 우리 상품을 쓰고 있는 사람들을 만났을 때, 사람들이 잘 쓰고 있다며 남긴 후기를 볼 때 등이다. 여기서 한결같이 들어가는 '사람'이라는 단어야말로 홈쇼핑이 존재하는 이유이며 성장에 영향을 미치는 가장 중요한 가치라고 할 수 있다.

나 역시 방송을 보고 제품을 구입한 고객들이 '만족스럽다', '잘 산 것 같다'는 후기를 올린 것을 볼 때 더욱더 책임감이 느껴지고 열심히 방송해야겠다는 생각이 든 적이 많다.

혹시 필요할 때마다 자주 물건을 구입하는 특정 홈쇼핑 채널이나 오프라인 매장, 온라인 몰이 있는가? 있다면 그렇게 단골로 애용하는 이유는 무엇인가? 분명 판매자가 나를 진심으로 대하고 있다는 믿음이 있기 때문일 것이다.

평소 옷을 자주 구입하던 로드숍 매장이 있었다. 다른 매장에는 없는 예쁜 아이템이 많았고, 사장님이 센스 있게 옷을 추천해 줘서 자주 방문하기 시작했다. 몇 번씩 가다 보니 가격 할인도 잘해 주고 사은품도 챙겨 줘 이후에는 다른 매장과 비교도 하지 않고 옷이 필요할 때마다 그 매장으로 달려갈 정도로 단골이 되었다. 이렇게 신뢰가 쌓일 때쯤 사건이 생겼다. 온라인 몰에 내가 얼마 전에 구입한 것과 똑같은 옷이 거의 반값에 올라와 있는 게 아닌가. 그것도 세일가가 아니라 정상가로 표시되어 있는 것을 보고 묘한 배신감이 느껴졌다. 당연히 온라인보다 오프라인이 매장에 방문해 실제로 보고 구입하는 혜택 때문에 조금 더 비쌀 수 있다. 그런데 그 가격 차이가 물건 값의 30~40% 이상이라면, 아무래도 바가지를 썼다는 생각이 들지 않을까. 이후에 그 매장을 찾는 일이 줄어든 건 당연한 결과였다.

현명한 판매자라면 당장의 이윤보다 사람을 남기는 것이 장기적으로 볼 때 훨씬 더 큰 이득이라는 사실을 명심해야 한다. 한번 팔고 끝내 버리는 뜨내기장사가 아니지 않은가.

글로벌 컨설팅회사 베인앤컴퍼니가 10년 동안 30여 개 산업군을 대상으로 연구한 결과, 단골 고객에 대한 몇 가지 사실이 밝혀진 바 있다.

첫째, 단골 고객은 총 고객의 15~20% 정도이며 기업 이익의 70~80%가 단골 고객으로부터 창출된다.

둘째, 신규 고객을 확보하는 데 소요되는 총비용은 기존 고객에게 상품을 판매할 때 들어가는 비용보다 5배 이상 높으며 일부 산업은 10배 이상 높다. 즉 단골 고객 1명을 관리하기 위해 1명의 영업 인력이 필요하다면, 신규 고객 1명을 얻기 위해서는 5명의 영업 인력이 소요된다고 할 수 있다.

셋째, 애프터서비스(A/S) 및 서비스센터 운영비용의 대부분은 수익성이 낮은 고객으로 인해 발생된다. 즉 단골 고객이 많으면 많을수록 A/S 비용이 적게 든다. 일례로, 홈쇼핑 업체의 가장 큰 비용이 반품 서비스에 들어가는 비용인데 반품을 가장 많이 하는 고객들 대부분이 일회성 고객들이다.

이 같은 내용만 보더라도 신뢰를 쌓은 단골 고객의 위력을 잘 알 수 있다. 단골 고객이야말로 기업 입장에서는 수익을 넘어서 기업의 존립을 가능하게 하는 진정한 원동력인 셈이다. 하물며 전국적으로 수많은 시청자들이 방송을 통해 접하는 유통채널인 홈쇼핑은 고객들의 지속적인 애정과 믿음 없이는 성장할 수 없는 곳이기에, 더욱더 사람을 남기기 위해 노력해야 한다.

'홈쇼핑계의 대모'라 불리는 유난희 쇼호스트는 한 토크쇼에 출연해 매출 20% 달성이라는 처참한 판매 스토리를 이야기한 적이 있다. 라쿤 퍼가 달린 숄이었는데, 판매 전에 제안받고 샘플 테스트를 했을 때는 털이 풍성하고 품질이 좋은 제품으로 판단되었다고 한다. 그런데 막상 판매를 할 실제 제품을 보니 털의 양이 너무나도 적고 가격 대비 품질이 떨어졌다. 제품력이 아쉬운 만큼 그녀는 가격 인하를 요구했으나, 업체에서는 '유난희가 팔면 무조건 잘 나간다'는 생각에 가격을 내리지 않고 욕심을 부렸다. 결국 그녀는 마음에 들지 않는 제품과 가격 조건으로 생방송을 시작하게 되었다.

평소라면 신나게 제품의 장점을 이야기했겠지만, 자신도 모르게 아쉬운 점을 이야기하고 있었단다. 마음속으로 '이건 사지 마세요'라는 생각을 했으니 입 밖으로도 그런 뉘앙스의 말이 나올 수밖에 없지 않았겠는가. 당연히 매출은 처참하게 실패했고, 방송을 담당했던 PD와 MD는 그녀에게 아무리 제품이 마음에 안 들어도 너무했다며 불평불만을 토로했다고 한다. 하지만 유난희 쇼호스트는 '고객과의 신뢰'가 무엇보다 소중한 가치였으니 후회하지 않는다는 입장이었다.

반전은 추후에 업체에서 제품을 보완하고 가격대도 합리적으로 다시 제안해 와, 또 한 번 방송을 한 것이다. 매출 결과는 당연히 대성공이었다. 만약 그녀가 처음부터 매출 목표를 달성하기 위해 제품의 장점을 과장했다면, 당장은 성과를 거뒀겠지만 그녀를 믿고 구입한 고객들은 제품을 받아 본 후 실망했을 것이다. 심지어 반품이 쉬운 홈쇼핑의 특성상 대량으로 반품하는 사태가 벌어졌을 수도 있으니 모두에게 마이너스인 결과가 발생했을 것이다.

홈쇼핑사의 매출과 수익을 책정하는 가장 큰 두 가지 기준은 '취급액 달성률'과 '전환율'이다. 취급액 달성률은 목표 매출에 따른 달성률을 의미하며, 방송시간 동안 판매된 총 매출로 계산된다. 전환율은 방송 이후 반품건을 제외하고 최종적으로 구매가 이루어진 상품의 비율을 말하며, 이 전환율에 따라 영업이익이 결정된다.

홈쇼핑 업계의 트렌드와 성장을 예측할 때 참조하는 지표인 '취급고'와 '영업이익'에 관한 그래프를 본 적이 있을 것이다. 취급고 성장은 저조한 반면 영업이익은 크게 증가하는 홈쇼핑사도 있고, 취급고 성장률은 높지만 영업이익이 다소 떨어지는 홈쇼핑사도 있다. 물론 송출 수수료 부담이나 취급고당 수익성이 낮은 무형 상품(여행, 렌털 제품) 판매 정도에 따라 수익성에 차이가 생기기도 한다. 하지만 결국 순간의 폭발적인 매출 이후에 반품하지 않고 구매를 완료한 고객, 상품과 서비스에 만족해 재구매하는 고객이 어느 정도냐에 따라 성패가 결정된다고 볼 수 있다.

내가 주로 판매했던 가전제품의 경우 가격대에 따라 전환율이 천차만별이었다. 20~30만 원대 미만의 소형 가전은 70~80% 상당의 고객이 최종적으로 구매를 결정했지만, 100만 원대 이상 대형 가전의 경우 40~50%대면 높은 전환율을 달성했다고 평가할 정도였다. 갓 출시된 프리미엄 가전제품의 론칭 방송인 경우, 전환율이 20%에도 못 미치는 초라한 성적표를 받은 적도 있다. 가격이 비싼 만큼 방송 후에 고객들이 다시 한 번 고민하는 시간을 갖게 되고, 충동구매였다는 생각이 들면 취소해 버리는 일이 비일비재하기 때문이다. 상품을 무조건 팔고 보자는 마인드로 방송할 경우 결국 고객의 외면이 돌아온다는 사실을 깨달았다.

그래서 언제나 방송을 준비하면서 고객을 우리 엄마 혹은 가까운 지인이라고 가정하고 상품에 접근하는 편이다. 방송에서의 스피치나 행동의 톤 앤 매너 역시 내 소중한 사람들이 봤을 때 거부감을 느끼지 않게, 추후에 방송을 떠올리거나 제품을 받고 나서도 신뢰감을 잃지 않도록 신경 쓰고 있다. 홈쇼핑과 상품, 그리고 고객 모두를 위해 가장 먼저 추구해야 할 가치는 첫째도 진심, 둘째도 진심이라는 것을 명심해야 한다.

# 가치와 공감을
# 팔아라

# 01 고객의 감성을 터치하라

내가 다른 사람을 설득할 준비가 됐을 때, '내가 말하고자 하는 것이 무엇인가?'
나 자신에 대해 생각하는 데 시간의 1/3을 보내고, '상대가 말하려는 것이 무엇일까'
상대에 대해 생각하는 데 나머지 2/3를 보낸다.

**– 에이브러햄 링컨**

　사람이 의사결정을 내릴 때 가장 많이 관여하는 것은 이성이 아닌 감성이다. 이성적으로 판단했다고 착각했을 뿐, 실상은 감성이 마음을 움직여 결정하게 된 경우가 많다.

　만약 카페에 들어가 메뉴를 고민하다가 커피를 주문하거나, 어떤 TV 프로그램을 볼지 고민하다가 예능 프로그램에 채널을 맞추는 일상적인 의사결정이라면 이성과 감성 중 어떤 것이 지배해도 큰 상관이 없다. 하지만 새로운 동네로 이사를 가면서 아파트를 매매한다거나 입시 준비를 하면서 가고 싶은 학교를 정하는 것, 결혼 후 2세를 갖거나, 퇴사를 할지 말지 고민하는 등 인생에 있어 중대한 의사결정을 내리는 순간에도 우리는 감성의 영향을 받는다.

새로운 집을 보러 다니면서 역세권인지, 투자 가치가 있는지, 자녀가 다닐 학교나 학원가가 가까운지 등의 사실적인 요소가 아무리 좋더라도 정작 집에 들어가 보니 쾌적하지 않고 편안한 분위기가 느껴지지 않으면 결정을 망설이게 된다. 흔히 집에 들어서는 순간 '내 집이다' 하는 운명적인 느낌이 중요하다는 말도 있지 않는가. 때문에 더 조건이 좋은 집이 있어도 왠지 마음이 끌리는 집을 선택하기 위해 다양한 이유를 갖다 붙이며 자신의 선택을 합리화하기도 한다.

　혹시 최근에 홈쇼핑이나 마트, 백화점에서 뭔가를 구매했다면 무슨 이유로 그 상품을 구매했는지 떠올려 보자. 꼭 필요해서 계획적으로 구매한 경우도 있지만 딱히 필요한 것은 아니었는데 이야기를 듣다 보니 필요성이 느껴지고 조건도 좋아서 구매한 경우가 훨씬 많을 것이다. 현장의 분위기, 나의 기분과 상상력 등이 소비를 유도했다고 볼 수 있다. 이처럼 감성이 의사결정에 큰 영향을 미친다는 것을 세일즈 전문가들은 파악하고 있기에 감성을 자극해 설득하는 데 가장 많은 공을 들인다.

　김지헌 교수는 저서 《가치를 사는 소비자 공감을 파는 마케터》에서 마케터에게 가장 중요한 능력은 소비자와 공감하는 것이라고 이야기하며 몇 가지 방법을 제시했다.

"공감을 표현하는 방법은 크게 1차 공감, 2차 공감, 고도 공감의 3단계로 구분할 수 있습니다. 1차 공감은 상대방이 이야기할 때 눈을 맞추고 고개를 끄덕이는 것과 같은 비언어적 행동, 맞장구를 쳐 주는 것과 같은 언어적 표현을 들 수 있습니다. 2차 공감은 한발 더 나아가 상대방의 말보다 앞서 공감을 표함으로써, '어쩌면 내 마음을 나보다 네가 더 잘 아니?'와 같은 반응을 끌어내는 것입니다. 마지막으로 고도 공감은 상대방이 직면한 문제를 해결하기 위해 무엇을 하고 싶어 하는지를 빠르게 알아내어 도와주는 것입니다."

이처럼 감성을 터치하기 위해서는 무엇보다 상대에 대한 공감이 필수다. 타인으로 하여금 감성에 젖어들게 하려면 그가 평소에 어떤 생각을 하고 있는지 알아야 하기 때문이다. 무작정 미사여구나 은유적 표현을 앞세운다고 감성에 젖어드는 게 아니다. 표현 방법은 껍데기일 뿐, 내실을 철저하게 다져야 한다.

당신이 판매해야 할 상품이 친환경 간식이고 타깃 고객은 어린 자녀를 둔 어머니라고 가정해 보자. 그들이 자녀를 위해 음식을 고르는 기준이 무엇인지, 특정한 브랜드를 선호한다면 그 이유가 무엇인지 알아내야 한다. 아이가 어릴수록 성분에 신경을 쓰고, 엄마가 직접 만들어 주고 싶지만 시간적 여유가 없어 구매하게 될 확률이 높다. 주로 엄마들이 가입한 인터넷 커뮤니티나 어린이집 동기 엄마 등을 통해 정보를 얻는데, 입소문이 많이 난 제품일수록 믿고 구매하는 경우가 많다. 그렇다면 사랑하는 자녀를 위해 무엇이든 해 주고 싶은 엄마의 마음, 열심히 정보를 수집해 확신이 들었을 때에야 결정을 내리는 신중함, 이런 것들이 판매자가 접근해야 할 고객의 감성인 것이다.

이를 위해 기업에서 상품 론칭 전에 꼭 실행하는 것이 포커스 그룹회의(FGI, Focus Group Interview)다. FGI는 소수의 응답자와 집중적인 대화를 통해 정보를 찾아내는 소비자 면접 조사를 말한다. 집단 토론을 하기도 하고 한 명씩 집중 인터뷰로 진행하기도 한다. 이 과정에서 생각지도 못했던 아이디어를 발견할 때도 있고 기존 제품의 문제점이나 사용실태 등을 다양하게 알아내 소비자의 감성에 한발 더 다가갈 수 있다.

감성을 반영하지 않은 사례와 완벽하게 반영한 사례를 비교해 보자. 청바지를 판매하는 두 명의 쇼호스트가 있다.

A: 고객님, 이 청바지는 요즘 유행하는 보이프렌드진이에요. 마치 남자 옷을 입은 듯한 루즈핏이라서 정말 편하고 그러면서도 라인이 예뻐요. 핏이 여유가 있다고 소재가 빳빳하거나 그렇지 않고요 정말 부드럽고 신축성도 좋습니다. 제가 연출한 것처럼 구두를 신어도 괜찮고요. 운동화 신고 입어도 너무 잘 어울려요.

B: 요즘은 스키니진보다 헐렁하게 입는 보이프렌드진이 그렇게 유행이라는데, 저한텐 딴 세상 이야기였어요~. 아니, 이미 내 하체가 통통한데 여기서 뭘 더 어떻게 크게 입으라는 거냐고요. 청바지 입을 때 제일 신경 쓰이는 게 그거잖아요, 뚱뚱해 보이는 거. 방송이나 잡지에서 이제는 헐렁하게 입는 게 대세라면서 입고 나오는 연예인들 다 어때요. 완전 날씬하고 마른 사람들이 추천하는 바지. 저거 내가 입으면 하나도 안 헐렁하고 딱 맞겠구만! 저는 마른 사람들은 보이프렌드진 이야기도 하지 말라고 그랬어요. 근데 이런 제가 입었을 때 사이즈 여유 있으면서 스타일 좋은 바지가 이 제품이에요. 저 66사이즈 입어요, 고객님. 핏 한번 보세요~. 너무 편하고 예뻐서 저 요즘 이 바지 맨날 입고 다녀요.

당신이 고객이라면 A, B 중 어떤 쇼호스트의 방송에서 주문을 하겠는가. B는 실제로 홈쇼핑 방송에서 한 쇼호스트가 한 말이다. 나는 그 말을 듣자마자 주문을 완료했디. 당시 쇼호스트는 보이프렌드진을 멋지게 입고 싶은 30~40대 여성을 타깃 고객으로 삼았고, 몸매 때문에 쇼핑을 마음껏 할 수 없었던 고충을 파악했을 것이다. 그리고 그 감성을 오롯이 자신에게 대입시켜 고도의 공감을 실천했고, 해결책으로 자신의 상품을 제시한 것이다. 완벽하게 감성을 터치한 사례라고 할 수 있다.

홈쇼핑에서 판매 PT를 구성할 때 핵심은 이성 소구와 감성 소구로 나뉜다. 앞서 이야기했듯 감성 소구가 소비자의 감정을 유발해 구매를 유도하는 광고 표현 방법이고, 이성 소구는 그 반대인 논리적인 광고 메시지로 소비자의 지적 이해를 구하는 광고 기법이다. 각각 절반의 비율을 차지하고 있음에도 감성을 중시하는 이유는 감성 소구를 하는 게 훨씬 더 어렵기 때문이다. 우리는 누구나 자신의 마음을 이해해 주고 이야기를 잘 들어 주는 사람과의 대화를 선호한다. 하물며 쇼핑을 하면서 그런 기분을 느낀다면 얼마나 기쁘고 만족스럽겠는가. 인간은 감정의 동물임을 결코 잊지 말자.

# 02 잘 팔리는 상품의 전략은 남다르다

고객 감소 원인 중 사망(1%), 이사(3%), 단골이 없는 경우(4%), 주위의 권유(5%), 가격(9%), 만성적 불평고객(10%) 등이 차지하는 비중은 32%이다. 나머지 68%는 고객에 대한 (세일즈맨의) 무관심 때문에 다른 거래처를 찾는다.

**– 갤럽**

최근 고객들의 구매 트렌드는 '가성비'다. '가격 대비 성능비'의 준말로, 투자한 가격 대비 효과가 좋은 상품을 뜻한다. 실패 없는 소비를 위해 꼼꼼히 비교한 후 결정하는 고객들이 많다. 홈쇼핑은 공동구매 효과가 커 5~6개씩 묶음 상품으로 판매하다 보니 혹시 쓰다가 제품이 질리는 경우를 대비해 제품력, 효과 등을 후기를 통해 확인하고 구입한다.

2017년 상반기 TV 홈쇼핑 히트 상품을 확인해 보니 뷰티, 패션, HMR(Home Meal Replacement; 가정간편식)의 강세를 눈여겨 볼 수 있었다. GS홈쇼핑의 경우 Top10 안에 일명 '가성비 뷰티템'이 5개나 들어 있었는데, 샴푸, 스킨케어 화장품, 파운데이션 등이었다. 이들은 6~13만 원대로, 풍성한 구성에 비해 합리적인 가격대였다. 작년에도 히트 상품 Top10 안에 든 데 이어 올해도 그 인기를 이어 나가고 있다.

그중에서도 탈모 방지 제품인 'TS샴푸'는 2014년 GS홈쇼핑 단독 론칭을 시작으로 2017년 9월까지 1,100억 원의 매출과 140회 매진 기록을 달성했다. 여기서 눈여겨 볼 점은 홈쇼핑시장은 압도적으로 여성 고객이 많음에도 불구하고, 이 샴푸의 경우는 남성 고객 비중이 20%에 달하고, 무려 22만여 명의 재구매가 있었으며, 후기는 10만여 건 이상이었다는 사실이다. 결국 홈쇼핑에서 스테디셀러로 자리매김한 것을 발판으로 백화점, 마트, 면세점 등 다양한 온라인, 오프라인 판매처를 확보하며 가파른 성장세를 달리고 있다.

왜 이렇게 잘나갈 수밖에 없는지 방송을 보면 그 이유를 알수 있다. TS샴푸 방송은 다른 이·미용 제품들처럼 사용 전후(일명 비포 앤 애프터) 비교를 보여 주며 성능을 과장해 강조하지 않는다. 식약처 허가 이력과 효능·효과에 대해 간단히 언급한 후 핵심 성분에 대해 꼼꼼하게 안내해 안전성을 피력한다. 여기에 진행하는 쇼호스트가 직접 몇 년째 쓰고 있는 데다 온라인상에 자발적으로 남겨진 상품 후기를 통해 고객이 스스로 홍보대사가 된 사연을 들려주니 매 방송 매진 행렬이 이어지는 게 당연하게 느껴질 정도다.

패션 상품으로 넘어가 보면, 모두 홈쇼핑 단독 패션 브랜드가 상위권에 자리매김하고 있다. 현대홈쇼핑의 경우 단독 패션 브랜드 '제이바이', '모덴' 등이 있고, CJ오쇼핑은 PB 브랜드인 '엣지', '에셀리아' 등과 함께 단독 라이선스 계약을 통해 판매하고 있는 '베라왕', '라이크라에스뷰티' 등이 여심을 저격하고 있다. 롯데홈쇼핑에서도 단독 패션 브랜드인 '조르쥬레쉬', '다니엘 에스떼' 등이 고급 브랜드로 포지셔닝되어 흥행을 이어 가는 중이다.

이들 상품의 특징은 감각적인 디자인에 실용성을 더해 접근성을 높이고, 프리미엄 브랜드에 대한 선호도가 높다는 점을 고려해 오직 자사에서만 볼 수 있는 특별한 브랜드와 혜택임을 어필함으로써 구매욕을 자극한다는 것이다. 홈쇼핑은 대기업이고 그들이 해외 디자이너, 백화점 브랜드 등과 협력했다고 하니 고객 입장에서는 고급 매장에 가지 않고도 좋은 옷을 구입할 수 있다고 생각하게 된다.

최근 들어 매출 순위가 급격하게 성장하고 있는 HMR도 눈여겨볼 만하다. 현대홈쇼핑에서는 홍석천, 이원일 셰프의 '천하일미'와 최현석, 오세득 셰프의 'H Plate'가 히트 상품 10위권에 진입했고, CJ오쇼핑에서는 탤런트이자 요식업체 대표인 김나운 씨의 '김나운더키친'이 완판 행진을 이어 가고 있다. 혼밥족의 증가로 간편식의 인기가 올라간 것도 있지만 주부들의 HMR에 대한 신뢰도 상승도 매출에 큰 몫을 차지하고 있다.

수많은 브랜드에서 HMR을 내놓고 있지만 아이를 키우는 주부들 중에서는 호불호가 갈리기 마련이다. 아이들이 먹을 음식인데 어떻게 간편하다는 이유로 아무 브랜드나 선택할 수 있겠는가. 바로 이 부분에서 패션 상품군과 동일하게 HMR도 단독 브랜드가 사랑받는 이유가 명확히 설명된다. 단순히 유명인이 직접 만들었거나 모델이라서가 아니라, 그들이 자신의 이름을 브랜드로 내걸고 홈쇼핑이라는 거대한 유통을 통해 출시했으니 좀 더 믿음을 갖고 구매할 수 있는 것이다.

이 외에도 소비 트렌드의 변화에 따라 안마의자나 매트리스 같은 렌털 상품이 순위권 내에서 많은 비중을 차지하고 있고, 200~300만 원대에 육박하는 에어컨도 높은 매출을 기록하고 있다. 가성비를 알뜰하게 따지지만, 자기만족을 위한 상품이거나 활용도면에서 삶의 가치를 높인다고 판단될 때는 아낌없이 투자하는 추세를 확인할 수 있다.

경영 컨설턴트 하마구치 다카노리, 무라오 류스케가 쓴 책《삼성도 넘볼 수 없는 작은 회사의 브랜드 파워》를 보면 변화를 주도하는 몇 가지 트렌드를 다음과 같이 강조하고 있다.

"상품의 질과 서비스 수준은 전반적으로 높아지고 있으며 또

한 선택 사항도 아주 다양해졌다. (중략) 그러므로 '늘 쓰던 것'이 가장 유력한 판단 기준이 된다. 바로 이 '늘 쓰던 것'이 되기 위해서는 상품의 선택 판단 기준을 정확하게 전달할 수 있어야 한다.

어느 업계나 인구 감소는 시장의 축소를 불러온다. (중략) 이러한 흐름에 맞춘 경영전략은 '확대 지향'에서 '지속적인 관계 지향'으로 발상을 전환하는 것이다. '신규 고객을 획득한다'는 기존의 영업방법에서 벗어나 '얼마나 오랫동안 고객과 좋은 관계를 유지할 수 있을까?'라는 재방문율 향상으로 사업의 중심축이 옮겨 가고 있다.

갈수록 치열해지는 가격 경쟁이 기업들을 더욱 힘들게 만들고 있다. (중략) 따라서 지금과 같은 시대에 필요한 사고방식은 타사와는 다른 '가치'를 창출하는 것이다. 경쟁에 맞춰 '가격을 내리는 것'이 아니라 경쟁사와 차이를 만들고 비싸더라도 고객이 흔쾌히 돈을 지불할 수 있도록 '가치를 높이는' 방향으로 발상을 전환한다면 새로운 이익을 창출할 수 있다."

이 3가지 트렌드에 있어 홈쇼핑 히트 상품들의 경우 그만의 전략이 주효했다고 볼 수 있다. 단순히 저렴하고 조건이 좋아서 홈쇼핑 상품을 구매하는 시대는 지나갔다. 지금의 고객은 최저가 비교에 능통하고 사은품 구성보다 본품의 질을 따진다. 그러니 다른 곳에서 판매하는 것보다 믿을 수 있는 상품이 되도록 명확한 기준을 제시해 가치를 어필해야 한다. 고객을 팬이자 아군으로 만들겠다는 일념으로 상품과 서비스의 수준을 높여야 한다. 이렇게 자연스럽게 형성된 팬심은 추후 해당 브랜드에서 내놓는 다양한 상품에도 자연스럽게 영향을 미쳐 신규 고객은 물론, 단골 고객과의 끈끈한 관계를 유지하는 데 큰 힘이 된다. 가치는 결국 고객의 성원으로 돌아오는 법이다.

각 홈쇼핑에서 단독 브랜드를 계속해서 출시하는 것은 가치를 높이는 브랜드 전략의 일환이다. 치열한 가격 경쟁에서 벗어나 타사와는 차별화된 가치를 전면에 내세우고 있는 것이다. 최근에는 홈쇼핑사별로 더욱더 질 좋은 상품을 내놓고 있어 앞으로는 고객이 옥 중의 옥을 가리는 행복한 고민에 빠질지도 모르겠다.

# 03 잘나가는 쇼호스트들은 감성과 스토리로 판다

보통 교사는 지껄인다. 좋은 교사는 잘 가르친다. 훌륭한 교사는 스스로 해 보인다.
위대한 교사는 가슴에 불을 지른다.

**– 앨프리드 화이트헤드**


    시청자에게 웃음과 감동을 주는 드라마나 영화에 출연하는 배우들 중에 어마어마한 출연료를 받는 스타들이 있다. 나는 그중에서도 배우 송강호를 좋아한다. 액션, 느와르, 드라마, 코미디, SF 등 장르를 불문하고 어떤 작품에 출연하든 매력적인 연기를 펼치며 매 작품마다 새로운 모습을 보여 준다. 이런 그의 연기를 관통하는 한결같은 핵심은 메서드 연기, 즉 극사실주의적 연기다. 송강호가 신인이던 시절, 이창동 감독의 영화 〈초록물고기〉에서 건달 연기를 하던 그를 본 관객들이 진짜 깡패가 나온 줄로 착각했다는 일화는 유명하다. 이후로도 맡는 역할마다 마치 그 인물이 살아있는 듯 생생하게 느껴지게 하는 그의 연기 때문에 수많은 작품에서 끊임없는 러브콜을 받는 게 아닐까. 그의 최근작 중

천만 관객을 돌파한 영화 〈택시운전사〉 관련 인터뷰에서 배우의 도리를 묻는 질문에 송강호는 이렇게 대답했다.

"연기는 어떻게 잘 할 것인가도 중요하지만 그게 100%는 아니다. 예술가가 무엇을 말할 것인가도 중요하다. 다들 20대에 혼돈과 혼란을 겪으며 성장하지 않나. 배우의 도리라기보다 '내가 연기하는 것이 어떤 의미를 지니고 있는가 정도는 알고 있어야 하지 않나' 그런 생각을 항상 가지고 있었다. 20대 초반부터 그런 마음을 가지며 연기해 왔다."

연기를 잘하는 것을 넘어서 그 연기의 의미를 떠올리는 배우. 그 치열한 고민과 책임감의 결과가 사람을 감동시키는 연기로 이어진 것이다.

홈쇼핑에서 이런 배우의 역할을 하는 것이 바로 쇼호스트다. 이름은 잘 몰라도 얼굴을 보면 낯익은 스타 쇼호스트들이 있다. 이들의 공통점은 홈쇼핑 방송에서 엄청난 매출을 끌어 올리는 능력, 즉 상품을 잘 파는 능력이 있다는 것이다. 더불어 쇼호스트라는 직업을 세일즈에 능한 방송 진행자 이상의 의미를 가질 수 있게 하는 특별한 존재 가치를 방송을 통해 보여 주고 있다.

패션 전문 서아랑 쇼호스트는 2007년부터 홈쇼핑 쇼호스트로 활동하며 약 10년간 의류, 잡화, 보석 등 주로 패션상품 방송을 진행해 왔다. 뿐만 아니라 KBS1 라디오 프로그램 〈성공예감 김원장입니다〉에 출연해 '패션경제학'이란 코너를 진행하며 패션 트렌드와 관련 사회현상에 대해 전하는 역할도 해 왔다. 최근에는 CJ오쇼핑의 대표 프로그램인 〈셀렙샵TV〉의 진행자가 되면서 첫 방송에서만 20억 원의 매출을 올려, 170%의 매출목표를 달성하는 등 새로운 기록을 쓰고 있는 중이다.

패션상품의 경우 진행자가 상품에 대한 객관적인 설명에 시간을 할애하기보다는 옷에 대한 주관적인 감상이나 일상 이야기 혹은 옷을 잘 입는 연예인, 셀럽의 이야기를 자주 하게 된다. 그렇게 함으로써 고객은 해당 상품을 입은 세련된 자신의 모습을 자연스레 상상하게 되고 구매로 이어지는 경우가 많기 때문이다.

하지만 서아랑 쇼호스트는 특별한 감성이 있다. 고객을 위해 해당 상품을 선택했다는 정성과 패션 전문가라는 자신감이 더해져 자신만이 내뿜는 아우라가 완성되는 것이다. 그녀의 방송을 가만히 보고 있으면 처음부터 끝까지 상품의 본질에 관한 멘트를 많이 한다는 걸 알 수 있다. 현 시점 고객이 가장 필요로 할 품목, 필수로 구비해 두면 좋을 상품과 브랜드를 선정했음을 상세하게 전한 다음, 디자인과 소재, 활용방법에 대해 이야기한다. 여기에만 디테일(진행자가 등장해서 상품을 보여주고 설명하는 시간)의 70~80%를 할애하고 나서야 가격과 사은품 등 조건에 대한 설명을 하니

조건 강조에 많은 시간을 할애하는 여타 진행자들과는 차별화될 수밖에 없다. 보다 신중하게 상품을 보여 주려는 그녀의 노력이 방송 진행에도 고스란히 묻어나 매출뿐만 아니라 고객의 신뢰감까지 높아지는 것은 당연한 결과다.

고객의 입장에서 스토리텔링하는 것을 중요하게 생각하는 쇼호스트 중에 가전, 디지털, 금융 전문 장영재 쇼호스트를 빼놓을 수 없다. 그는 전직 아나운서 출신으로, TV 홈쇼핑 최초로 운전자 보험 방송을 진행하기도 했다. 무형 상품 방송은 가치를 어필하는 게 1순위기 때문에 더 섬세하게 접근해야 한다. 사실을 설명할 때는 누구보다 냉철하고 명확하게, 설득이 필요한 부분은 공감이 가는 사례를 들어가며 고객의 마음을 스르르 무장해제시킨다. 이처럼 논리와 감성 두 마리 토끼를 놓치지 않는 방송 진행 덕에 홈쇼핑에서 보기 드문 고객층인 30~40대 남성들의 주문이 잇따르고 그를 좋아하는 남성팬 역시 많은 편이다.

7년 전 내가 쇼호스트 아카데미에 다닐 당시, 장영재 쇼호스트가 직접 수업에 들어와 PT 구성에 대해 강의했었는데, 수업 내용 중에 기억에 남는 것들이 있다.

• **PT의 큰 그림을 먼저 그리기:** 고객의 생각, 행동 패턴을 예상해 기승전결을 짜고 여기에 상품의 특장점을 배치한다. 이 큰 그림을

바탕으로 응용할 수는 있으나 이를 무시하고 부분만 건드려서
는 설득력 있는 PT가 될 수 없다.

- **타깃을 확실하게 정해 강하게 어필하기:** 타깃 고객을 명확하게 설
  정하는 것만으로도 절반 이상은 성공이다. 타깃 고객이 정해지
  면 그들을 집중적으로 설득할 수 있는 임팩트 있는 사례들을
  최대한 많이 준비하라.
- **자신이 말하는 내용이 진실에 최대한 가깝게 느껴지도록 연습하기:**
  내용이 진실이더라도 이를 표현함에 있어 고객이 진실하다고
  느끼지 못한다면 아무 소용이 없다. 거울에 비춰진 내 모습과
  목소리를 모니터하며 진실성이 느껴지는지 점검하라.

장영재 쇼호스트가 주력으로 진행하는 상품군이 가전, 디지털
이다 보니 나와 함께 방송할 기회가 많았다. 그는 17년 차 쇼호스
트의 내공으로 순간순간 상황에 맞는 내용을 풀어낸다. 아빠로서,
자식으로서, 직장인으로서 넘치는 사례들로 고객을 들었다 났다
하는 모습이 얼마나 인상적이었는지 함께 방송을 진행한다는 사
실을 깜빡 잊고 넋을 놓고 본 적도 있다.

혹시 앞으로 쇼호스트나 세일즈 전문가가 되기를 꿈꾸고 있거
나 방송 진행자를 목표로 하고 있다면 이들의 방송을 꼭 눈여겨
보길 바란다. 방송이나 세일즈 업종에서 일할 때 가장 필요한 것

은 자신만의 개성과 강점을 제대로 파악해 이미지 메이킹을 하면서 고객 혹은 시청자에게 어떤 감성으로 다가가야 할지 고민하는 것, 그리고 자신의 의견을 제대로 스토리텔링할 줄 아는 것이라고 생각한다. 많은 방송인 지망생들을 가르치면서 기본으로 강조하는 부분이기도 한데, 이를 간과하는 학생들을 많이 볼 수 있다.

앞서 대표적인 쇼호스트의 사례에서 이야기했듯 카리스마 있는 외모와 목소리로 품위를 잃지 않되 고객과의 소통을 위해 자신만의 감성과 스토리텔링으로 끊임없이 노력하는 모습은 아무리 트렌드가 변하고 고객층이 다양해진다고 해도 통할 수밖에 없는 핵심 중의 핵심이다. 잘나가는 쇼호스트들의 연봉이 높을 수밖에 없는 이유는 단 하나, 그들만의 감성과 스토리로 무장했기 때문이라는 사실을 잊지 말자.

# 04 판에 박힌
# 프레임을 바꿔라

마케팅의 목표는 판매를 불필요하게 만드는 것이다.
마케팅이 지향하는 것은 고객을 이해하고, 제품과 서비스를 고객에 맞추어
저절로 팔리도록 하는 것이다.

**– 피터 드러커**

언젠가 한국에서 노벨상 수상자 배출이 적은 이유는 '실패를 용인하지 않는 사회 분위기와 순응하는 사람을 좋은 인재로 생각하는 시스템 때문'이라는 이야기를 들은 적이 있다. 고개가 끄덕여질 법한 이야기다. 학교와 회사에서는 '틀에 박힌 사고에서 벗어나라'고 강조하지만 그럼에도 사람들은 안전을 추구한다. 변화를 추구했다가 혼자 이상한 사람 취급받는 것도, 실패해서 욕을 먹는 것도 두렵기 때문이다.

홈쇼핑 방송에 어느 정도 적응하기 시작할 때쯤 내가 가장 자주 들었던 말은 "그거 예전에 해 봤는데 안 됐어."였다. 의욕과 사기를 뚝 떨어뜨리는 말이다. 그저 과거의 경험과 성공법칙을 따르면 실패하지 않을 거라는 으름장이나 다름없다. 그럴 때일수록 끊

임없이 내 안의 질문에 귀를 기울여야 한다.

'TV를 구입할 때 성별에 따라 니즈가 다르지 않을까?'

'김치냉장고를 갖고 싶어 하는 여성의 심리는 무엇일까?'

'생활 패턴에 따라 선호하는 세탁기가 어떻게 다를까?'

당연한 줄로만 알았던 상품 정보가 질문 내용에 따라 새로운 관점으로 보이기 시작한다.


TV의 핵심 기능은 좋은 화질이지만 이는 말로만 설명하기 힘들다. 고화질 영상을 미리 준비해 송출함으로써 고객을 유혹해야 한다. 하지만 여성들은 화질보다 디자인 혹은 특별한 기능에 매혹된다. 몇 년 전 삼성 스마트TV가 인기 있었던 가장 큰 이유는 TV가 화면 사이즈만 커진 게 아니라 스마트폰처럼 주요 기능 외에도 생활에서 다양하게 활용할 수 있는 편리한 기능이 더해졌기 때문이었다.

남성은 주로 화질의 디테일한 차이에 대해 전문적인 설명을 듣고 싶어 하지만, 여성은 신제품이니 화질이 좋은 것은 당연하다고 여기고 우리 집 거실의 분위기를 바꿔 줄 고급스러운 디자인인지, 부가 기능이 다양한지, 작동 방법이 쉬운지 등을 따진 후에 결정한다. 그래서인지 남성 쇼호스트의 전유물로 여겨졌던 디지털TV 판매 방송에 여성 쇼호스트가 자주 등장하게 된 것도 스마트TV 탄생 시기와 겹친다.

내가 삼성전자에 입사했던 시기가 2012년으로, 그때 한창 스마트TV 붐이 일어났었다. 디지털 방송 전환과 함께 TV를 바꾸려는 수요가 많았고 홈쇼핑의 주 고객인 여성들은 쉽게 사용할 수 있는 스마트TV를 원했다. 자랑하고 싶은 화질과 기능은 너무 많지만, 최대한 쉽게 활용할 수 있는 내용들로만 PT와 시현을 준비했다. 그리고 쇼호스트와 전문 게스트 모두 여성이 출연해 얼마나 쉽게 사용할 수 있는지를 강조했다. 냉장고, 세탁기 같은 생활가전에서나 볼 수 있었던 수다와 감성 소구를 녹여 여성인 당신이 잘 활용할 수 있는 제품이라는 점을 인지시킨 것이다.

당시 세련된 디자인은 물론, 리모컨 원터치 등 스마트 기능이 들어가면서 여성들이 좋아하는 TV 프로그램과 아이의 교육방송 다시보기 서비스, 피트니스앱 활용하기 등을 설명했을 때 가장 반응이 좋았다. 남녀에 따라 달랐던 TV에 대한 니즈를 건드려 모두를 만족시키고 유례없던 성공적인 매출을 달성했으니 말이다.

김치냉장고의 경우, 초창기 뚜껑형 김치냉장고에서 이제는 디자인이 예쁘고 사용이 편리한 스탠드형을 선호하는 고객이 대부분이다. 몇 년 전부터 3도어의 스탠드형 김치냉장고를 메인으로 판매하고 있었는데, 다른 브랜드에서 더 큰 용량의 제품을 출시해 경쟁에서 불리한 상황이었다. 이미 그 라인업에서는 김치냉장고의 주요 기능이라고 하는 부분들이 대동소이했기 때문에 경쟁우위를 확보할 수 있는 방안이 딱히 없는 상태였다.

그때 과감히 가격이 100만 원 이상 더 비싼 상위 라인업의 4도어 김치냉장고를 메인으로 방송하기로 결단을 내렸다. 김치냉장고는 김치뿐만 아니라 까다로운 식재료를 보관하기에 최적화된 똑똑한 냉장고이므로 주부들에겐 음식의 맛과 건강을 지킬 수 있는 가치 있는 선택으로 여겨지고 있다. 대세가 스탠드형으로 옮겨 온 이상 보다 큰 용량에 더 많은 기능이 탑재된 제품을 선호하는 것은 당연한 마음일 테니 타 브랜드에 없는 4도어 라인업을 내세워 삼성전자의 김치냉장고가 특별하다는 점을 강조했다. 결국 여심은 우리의 손을 들어 줬다. 이후로 김치냉장고의 대세는 4도어가 되었으니 말이다.

명품가전이라 불리며 백화점, 홈쇼핑, 온라인 할 것 없이 대세 상품이 된 다이슨 청소기는 문제 해결에 초점을 맞췄다가 새로운 프레임을 제시한 대표적인 사례라고 할 수 있다. 영국 출신의 디자이너이자 다이슨사의 창립자인 제임스 다이슨은 대기업에서 출시하는 먼지봉투형 청소기들이 시간이 갈수록 흡입력이 급격히 떨어진다는 데 문제를 느꼈다. 그리고 그 이유가 공기와 먼지를 빨아들이는 과정에서 먼지봉투가 꽉 차지 않았는데도 미세하게 공기를 배출해야 하는 구멍이 막혀 공기가 쉽게 통과하지 못하기 때문이라는 사실을 깨달았다. 그리고 연구를 통해 원심분리기식

집진장치를 발명하고 강력한 흡입력을 오래 유지하면서 미세먼지 배출을 최소화한, 먼지봉투 없는 진공청소기를 세상에 내놓았다.

고가의 가격대 때문에 쉽게 구입하지는 못하더라도 창립자의 개발 스토리와 그만의 특별한 기능으로 기계에 관심이 많은 남성부터 좋은 청소기를 갖고 싶은 주부들의 마음을 사로잡았다. 이후에도 끊임없이 고객의 불편사항을 없애기 위한 연구를 거듭한 끝에 다이슨 디지털 모터를 개발하고 이를 적용해 출시한 무선청소기, 날개 없는 선풍기, 공기청정기, 헤어드라이어 등이 세계적인 사랑을 받고 있다.

다이슨 청소기 이전에 TV 홈쇼핑에서 판매하던 청소기는 대개 저가형이었다. 그때는 청소기의 핵심인 강력한 흡입력을 보여주는 데 사활을 걸었다. 진공상태에서 볼링공 들어올리기, 입자가 굵은 과자부터 세밀한 먼지까지 얼마나 잘 빨아들이는지를 어필했었다. 하지만 다이슨 청소기는 제품력으로 그 프레임에서 빠져 나왔다. 그들만의 새로운 프레임은 다이슨이라는 브랜드 그 자체다. 기능은 모방하더라도 브랜드가 주는 가치는 어찌할 수 없기 때문이다.


그렇다면 어떻게 해야 프레임을 바꿀 수 있을까. 제임스 다이슨처럼 제품 개발자가 아니어도, 오랜 시간 많은 돈을 들여 연구하지 않아도 프레임을 바꿀 수 있다. 가장 쉬운 방법은 혼자서 고민하지 말고 사람들과 자꾸 부딪치는 것이다. 이 말은 곧 다양한 의견을 수렴하라는 의미다. 고정된 프레임에 갇히는 가장 큰 이유는 세상을 바라보는 관점, 특정한 상황이나 문제에 대한 가치관이 자신도 모르게 굳어졌기 때문이다. 고정관념에 갇힌 채로는 아무리 변화를 시도해도 도전적인 접근을 이룰 수 없다. 틀을 깨 줄 수 있는 사람 혹은 예비 고객들의 의견을 많이 접해야 한다.

새로운 아이디어가 필요할 때는 혼자 끙끙대기보다 동료들 앞에서 자신이 생각한 내용을 들려주고 가감 없는 피드백을 요구해 보라. 뭐가 부족한지, 어떤 고민이 더 필요한지, 모르고 있었던 사실은 없었는지 확인할 수 있다.

쉬울 것 같은가? 대부분의 사람들은 큰일을 앞두고 사전에 동료들 앞에서 발표하거나 점검받는 것을 어려워한다. 지적받는 게 두렵고 싫기 때문이다. 하지만 프레임을 바꾸는 사람들의 공통점은 너무 자신만만하지도, 그렇다고 자존감이 낮지도 않다는 점이다. 자신의 의견을 스스럼없이 발표하고 어떤 피드백도 수용할 수 있다. 틀을 깰 수 있는 기회를 자주 접하는 것이다.

홈쇼핑에서 새로운 상품을 론칭할 때마다 프레임에 관해서 가장 많은 영감을 받았던 순간은 방송 운영진과 업체 모두가 모여 사전 미팅을 했을 때다. 각자의 입장이 다른 여러 사람이 공동의 목표를 향해 아이디어를 내는 데 전력 질주한다. 아이디어가 많이 나올수록, 여기에 보태지는 의견이 많을수록 변화와 혁신에 성큼 성큼 다가가게 된다.

새로운 전략에 확신이 섰다면 용기 있게 밀어붙여야 한다. 물론 실패할 수도 있다. 매출 상황은 그 누구도 예측할 수 없으니 말이다. 하지만 목표를 위해 변화를 감행한 사람은 머지않아 성공하게 되어 있다. 실패로 돌아오더라도 기죽을 것 없이 왜 실패했는지에 대해 냉정히 분석하면 된다. 상황이 안 좋을수록 프레임을 바꿀 좋은 기회가 온 것이라고 생각해 보자. 리프레임이 곧 해결책이 될 것이다.

# 고객의 가슴 속에
# 가치를 각인시켜라

대중에게 다가서는 지름길은 그들에게 혀를 내미는 것이 아니라 귀를 내미는 것이다.
내가 상대방에게 어떤 달콤한 말을 한다 해도, 상대방 입장에서는 자기가 말하고 싶어 하는 이야기의
절반만큼도 흥미롭지 않은 법이다.

**– 도로시 딕스**

한국트렌드연구소에서 발표한 《트렌드 코리아 2017》에서는 현
재 대한민국을 대표하는 소비 트렌드로 욜로, 가성비, 1코노미(나
홀로족) 등을 꼽았다. 이에 따라 대두되는 소비 트렌드는 자신이
가치 있다고 생각하는 곳에 과감히 비용을 쓸 수 있는 '가치소비'
다. 나는 여유를 부릴 수 없어 욜로와는 상관없이 현실적인 소비
를 하고 있다고 생각하겠지만, 그럼에도 불구하고 누구나 자신만
의 가치소비 분야가 있을 것이다.

나는 특히 자기계발 관련 분야라면 아낌없이 투자하는 편이
다. 세상에서 가장 투자가치가 높은 게 무엇이라고 생각하는가.
주식? 부동산? 그것도 아니면 자녀? 내가 내린 정답은 '나 자신'

이다. 생각해 보자. 신이 아닌 이상 누구도 그 대상이 투자 대비 수익을 거둘 수 있을지 없을지 단정 지을 수 없다. 하지만 내가 무슨 생각을 하고 어떻게 행동할 것인지는 충분히 예측할 수 있다. 주체가 자기 자신이니 말이다. 그러니 스스로에 대한 투자야말로 무조건 남는 장사라고 볼 수 있다. 물론 목표를 가지고 성실하게 살아간다는 전제 하에 말이다.

그런 점에서 내 지식의 양이 많아지거나, 가치관이 바뀌거나, 몸이 더 건강해질 수 있는 모든 배움과 수련에 투자하는 돈이 전혀 아깝지 않다. 수입에서 책을 구입하는 비용이나 자기계발 강연비, 트레이닝 비용이 항상 일정 부분을 차지하고 있고 앞으로도 이런 가치소비는 유지할 계획이다. 바로 이런 가치소비를 할 때의 내 모습을 떠올려 보면 상대적으로 고객의 가슴 속에 가치를 각인시키는 일이 그리 어렵지만은 않다.

마케팅 컨설턴트이자 작가인 무라마츠 다츠오는 자신의 책 《고객의 80%는 비싸도 구매한다!》에서 "가격이 비싸더라도 80%의 고객들은 구매할 가능성이 있다."라고 주장했다. 여기서 80%란 2·6·2의 법칙을 통해 산출된 수치다. 그는 소비자의 상위 20%는 '세일 제품을 절대 사지 않는 층', 중간의 60%는 '세일 제품과 정가 제품을 모두 사는 층', 그리고 하위 20%는 '세일 제품만 사는 층'으로 구분했다. 그리고 상위 20% 층과 어느 쪽으로도 이동할 수 있는 중간의 60% 층을 더한 80%의 사람들을 대상으로 고액고객 유치 마케팅을 펼쳐야 한다고 했다. 또한 이 고객들은 상품 가치만 제대로 파악되면 비싸도 구매한다는 사실을 강조했다.

2·6·2의 법칙을 통해 고객을 바라보면 고가의 상품을 판매할 때 '이걸 구입할 형편이 되는 사람은 많지 않을 거야'라고 단정 짓는 것이 얼마나 편협한 생각인지 알 수 있다. 핵심은 고객이 느끼는 가치의 유무다. 비싸서 구입하지 않는다는 말은 옛말이다. 가치가 전해지지 않아 구입하지 않은 것이다.

고가임에도 홈쇼핑에서 반응이 좋은 상품들이 있다. 명품이 대표적이다. 100만 원대부터 시작해 300만 원대의 시계와 가방, 의류 등이 1시간에 수백 개씩 판매된다. 한 홈쇼핑 관계자는 "과거 백화점에서만 구매하던 명품을 온라인 몰, 홈쇼핑에서 구매해도 믿을 수 있다는 방향으로 소비자 인식이 변화했다."고 말했다. 가치소비와 모바일 구매의 비중이 늘어나면서 명품을 합리적인 조건과 믿을 수 있는 서비스로 홈쇼핑에서 구입하는 소비자가 늘고 있다는 분석이다.

꼭 명품이 아니더라도 홈쇼핑의 패션 PB 브랜드 상품의 경우 기존에 10만 원대 미만의 가격대를 선호하던 고객들이 30~100만 원대가 넘는 제품에 대해서도 뜨거운 반응을 보이고 있다. 가격이 비싸다고 알려진 대중적인 브랜드가 아님에도 고객들이 흔쾌히 구입하는 이유는 그만큼 소재와 디자인 등 품질에 대한 값을 한다고 판단했기 때문이다.

예를 들어 캐시미어나 울 100%, 풀스킨밍크나 수리알파카 등의 소재라고 하면 오프라인에서 구입할 경우 홈쇼핑 판매가보다 훨씬 비싼 값을 치러야 한다. 여기에 유명 디자이너와 협업하거나 명품 브랜드의 주력 납품업체 제품이라면 디자인에 있어서 빠지지 않는다고 생각하는 것이다. 홈쇼핑 구매가 질을 따져 봤을 때 가치 있는 투자라고 여기는 고객들이 늘고 있다.

가치를 전해야 하는 방송일 때 더 신경 써야 하는 부분이 있다. 절대 기존 방송에서 많이 하던 연출이나 멘트를 반복하면 안 된다. 홈쇼핑에서 가치소비를 하는 고객들은 평소에도 홈쇼핑을 잘 이용하던 고객들이 대부분이기에 기존 방송에 대한 정보가 많은 편이다. 쇼호스트가 오프닝만 해도 늘 하던 방식의 방송인지, 평소와 다른 특별한 분위기인지 판단이 가능하다. 고가 제품을 판매하면서 무대 연출이나 자막 내용이 저가 제품과 동일하고 쇼호스트의 화법마저 다를 바가 없다면 고객은 전혀 가치를 느끼지 못하고 채널을 돌리게 될 것이다.

그래서 고가 제품을 방송할 때 무대 세팅에 공이 많이 들고 자막 내용도 단어 하나까지 고민해서 결정한다. 쇼호스트의 스피치 역시 바로 상품 소개로 들어가기보다 상품의 히스토리와 탄생 배경, 차별화된 특징, 고객이 체감할 만한 영향력 등을 찬찬히 모두 들려준 후에야 상품을 보여 주고 마지막이 되어서야 가격과 조건이 공개된다. 앞선 내용에 가치를 느꼈다면 고객에게 비싼 가격은 큰 문제가 되지 않을 것이기 때문이다.

스탠퍼드 경영대학원 교수인 이타마르 시몬슨이 쓴 책《절대 가치》에서는 마케팅에서 변치 않을 줄 알았던 통념들이 어떻게 무너지고 있고, 방향이 어디로 흘러가는지를 명확하게 제시하고 있다.

"우리가 말하는 '절대 가치'란 소비자가 제품을 사용할 때 실제로 경험하는 품질 또는 가치를 의미한다. 예를 들면 식당에서 먹어본 음식에 대한 맛, 책을 읽으면서 느낀 즐거움(또는 지루함), 면도 뒤에 느끼는 상쾌함, 헤드폰의 편안한 착용감, 카메라를 사용하면서 느끼는 가치 같은 것들이다. 절대 가치란 카메라의 스펙이나 신뢰도뿐 아니라 카메라를 직접 소유해서 사용해 보는 경험이 어떤지를 의미하는 것이다. 이와 같이 다양한 정보를 얻을 수 있는 새로운 환경 덕분에 소비자들은 구매를 고려하는 상품이나 서비스의 품질경험(절대 가치)을 훨씬 더 정확하게 예측할 수 있게 되었다."

고객이 느끼는 가치는 예측이 쉽지 않은 다양한 형태로 변화하고 있다. 기업에서 거액을 들여 광고나 홍보활동을 하더라도 더 이상 고객이 접할 상품 정보의 양을 통제할 수 없고, 이로 인해 고객이 느끼게 될 메시지 역시 확신할 수 없다. 그렇다고 브랜드에 기대 어물쩍 넘어갈 수도 없는 노릇이다.

화장품을 구입함에 있어, 최근 들어 내가 가장 믿고 의지하는 사람이 한 명 있다. 그녀는 잡지 에디터 출신의 유튜버로, 일명 '뷰티디렉터'로 불리는 피현정 씨다. 자신의 유튜브 채널을 통해 다양한 화장품의 성분 분석부터 장·단점을 자세히 파악해 알려 주고 있다. 그녀의 방송을 보고 특정 상품이 베스트셀러가 되는 일이 허다하다. 설사 그 정보가 100% 정확하지 않다고 해도 상대적으로 친근한 인플루언서(influencer)가 주는 정보는 고객으로 하여금 '꽤 유용한 정보를 통해 만족할 만한 가치소비를 할 수 있겠다'라는 자신감을 심어 준다.

그렇다면 가치를 각인시키기 위해서는 어떤 준비가 필요할까. 단순한 상품 정보나 마케팅팀에서 알려준 장점만 나열한다면 절대 가치를 전할 수 없다. 다음 4가지를 기억해서 PT를 구성해 보자.

1. 내가 가진 정보를 타인에게 알리는 상황을 즐기며, 이로 인해 누군가가 잘되는 것에 기쁨을 느낄 수 있어야 한다.

2. 자신이 관심 있고 잘 아는 분야를 전문적으로 파고들어 매뉴얼을 만든다.
3. 내가 고객이라면 어떻게 전달했을 때 잘 받아들일 수 있을지를 고민한다.
4. 여러 매체를 통한 새로운 정보를 부지런히 받아들여 콘텐츠를 업데이트한다.

판매자, 홍보 담당자를 넘어서 가치 전달자가 되기 위해서는 스스로를 인플루언서라고 생각하고 해당 분야의 전문가이자 소통의 달인이 되어야 한다. 끊임없이 공부하고 정보를 습득해 자신만의 콘텐츠를 만들어 보자. SNS는 자신의 콘텐츠를 잘 보여 줄 수 있는 공간이다. 사진, 글, 라이브방송 등으로 자신만의 전문성을 어필할 수 있다. 더불어 대놓고 설득하려는 태도보다 고객이 거부감 없이 받아들일 수 있도록 자신만의 스타일을 정립해 보자. 외모가 뛰어나다면 해당 상품을 활용한 자신의 이미지를 적극 활용해 많은 말을 하지 않고도 고객을 설득할 수 있다. 유쾌한 입담이 있다면 편안하게 수다 떨듯이 자신의 이야기를 풀어내 보자. 자신이 가진 매력과 커뮤니케이션 방식이 일치했다면 고객은 자연스레 당신의 팬이 되고 상품 역시 구매하게 될 것이다.

나 역시 유튜브와 SNS(블로그, 인스타그램)를 통해 콘텐츠의 가치를 전하고 있다. 유튜브의 개인 채널에서는 스피치, 보이스에 관해 강의에서 할 법한 노하우를 듬뿍 담은 내용을 영상으로 찍어 올리고 있는데, 주로 20대 초·중반의 대학생, 취업준비생들의 반응이 뜨겁다. 아무래도 스피치 아카데미에 가지 않는 한 방송인 같은 커뮤니케이션 전문가를 만날 수 있는 기회가 흔치 않을 것이다. 그러다 보니 평소 궁금했던 발표나 보이스, 프레젠테이션에 관한 팁을 손쉽게 접할 수 있는 동영상 서비스 플랫폼에 대한 선호도가 높은 편이다.

또 SNS를 통해서는 주로 강의, 방송 활동에 관한 글과 사진을 다양하게 업로드하고 있는데 '내가 이런 사람이다'라는 것을 알리는 데 그치지 않고 사람들로 하여금 재밌고 유익한 정보를 줄 수 있는 데 집중한다. 처음부터 고객이 되어 줄 마음을 가진 사람들은 많지 않다. 팬에서 고객으로 발전하게 해야 한다.

짧은 시간에 폭발적인 구매가 이루어지는 TV 홈쇼핑에서 여러 상품을 판매하면서 상품이 지닌 가치만 잘 전해도 가격은 걸림돌이 되지 않는다는 것을 체감했다. 고객의 지갑을 열게 하기보다 마음의 문을 먼저 열게 만들자. 말은 기술이 아니라 마음을 담는 그릇이라는 이야기가 있다. 수백 마디 화려한 말보다 마음의 힘에 집중해 접근한다면 고객의 가슴에 당신의 진심이 확실하게 각인될 것이다.

# 06

# 위기를 기회로
# 뒤집어라

질문을 받으면 우리는 고민을 하면서 변화가 필요하고 또 가능하다는 결론에 이른다.
이런 결론은 마침 섬광처럼 순식간에 이뤄진다. 이것이 깨달음, 즉 '통찰'의 순간이다.
**– 데이비드 락&제프리 슈워츠**

홈쇼핑 업계의 유명한 일화이자 드라마 소재가 되기도 했던 유난희 쇼호스트의 '깨지지 않는 접시' 사례를 들어본 적 있을 것이다. 3중 강화 유리라 쉽게 깨지지 않는 게 포인트인 그릇을 판매하며 튼튼함을 보여 주기 위해 방송 중에 그릇을 바닥에 던지는 액션을 취했다. 그릇은 깨지지 않았고 그 순간 주문이 폭발해 대성공을 거뒀다. 이후로도 계속해서 방송 중에 그릇을 던져서 보여 줬는데 어느 날 옆에 나온 게스트와 함께 그릇을 던지다 부딪치면서 와장창 깨져 버린 것이다. 최악의 방송 사고였고 주문은 순식간에 곤두박질쳤다.

그때 그녀의 입에서 나온 이야기가 바로 "세상에서 제일 강한 물질인 다이아몬드를 세공하는 칼도 역시 다이아몬드다. ○○접시를 깰 수 있는 것도 역시 ○○접시뿐이다."였다. 그녀는 한 인터뷰에서 그날 그렇게 이야기할 수 있었던 이유를 묻자 이렇게 대답했다.

"당시 내가 크리스털 반지를 끼고 있었다. 보석 공부를 하고 있던 때다. 그때 머릿속을 스치는 생각이 있었다. 모든 유색 보석은 다이아몬드 칼로 커팅을 하게 되어 있다. 다이아몬드 원석은 무슨 칼로 자르냐면, 그것도 다이아몬드다. 강한 것과 강한 것이 부딪쳐서 깨지는 거다. 그게 문득 생각나는 거다. 임기응변이었다. 강한 것과 강한 것은 부딪쳐 깨진다. 이건 삼중 강화 유린데, 둘 다 세니 깨질 수밖에 없다. 그렇게 설명하고 나니 2,500세트까지 매출이 오르더라. 다시 한 번 아는 것의 힘을 깨닫는 순간이었다."

베테랑 쇼호스트의 순발력은 평소 철저하게 준비해 왔기 때문에 자연스럽게 나온 것이었다. 평소 그녀가 공부해 왔던 지식이 없었다면 위기를 극복하지 못한 채 그날의 일은 결코 기억하고 싶지 않은 최악의 사건이 되었을 것이다. 하지만 위기를 맞아 보여 준 순발력이 오히려 기회가 되어 매출과 고객의 마음 두 마리 토끼를 다 잡을 수 있었다.

앞선 사례의 경우 전혀 예측할 수 없는 상황의 위기였지만, 실제 홈쇼핑에서는 예측이 가능한 위기가 자주 도래한다. 바로 킬

링 메시지를 던졌음에도 고객의 반응이 미미한 경우다. 물론 상품에 대한 관심도가 전혀 없을 수도 있고, 판매 조건이 마음에 들지 않아서일 수도 있다. 그럼에도 어떻게든 고객의 관심을 끌어서 주문을 유도해야 한다. 어떻게 하면 상황을 뒤집을 수 있을까? PT를 구성하는 원리만 파악하면 그리 어렵지 않다.

설득 스피치 구성의 5단계는 오프닝(opening), 프리뷰(preview), 스토리텔링(story telling), 서머리(summary), 클로징(closing)이다.


- 오프닝: 청중의 주의를 집중시키는 이야기로 시작하기
- 프리뷰: 말할 내용을 간단하게 예고하기
- 스토리텔링: 본론을 사례를 들어 생생하게 들려주기
- 서머리: 본론 내용을 정리, 요약하기
- 클로징: 청중의 행동을 촉구하는 메시지로 마무리하기


이 같은 구성이 다양한 마케팅에 활용되는데, 특히 세일즈 카피라이팅에 자주 쓰이는 것이 파소나(PASoNA) 법칙이다.


- Problem: 문제 제기하기
- Agitation: 선동하기
- Solution: 해결책 제시하기
- Narrow down: 긴급하게 한정, 제한하기

- **Action:** 행동 촉구하기

이렇게 5가지의 앞 글자를 따서 만든 것으로, 광고문구나 홈쇼핑 방송에서 자주 볼 수 있다. 예를 들어 에어컨 판매를 위한 PT를 파소나 법칙에 따라 구성해 보자.

- **P:** 지난여름, 무지막지하게 더웠죠. 혹시 고객님 댁에 있는 에어컨 얼마나 트셨어요? 너무 더워서 좀 틀다가 전기료 폭탄 맞고 무서워서 틀까 말까 고민하셨죠?
- **A:** 더위 많이 타는 아이들의 건강을 위해서, 장마철만 오면 늘 걱정되는 우리 집안 환경을 위해서라도 에어컨은 필수 가전입니다. 근데 올해 또 전기요금만 한 달에 수십만 원씩 나오는 거 괜찮으시겠어요? 요즘은 5월부터 9월까지 덥다 보니까 1년 중 거의 5달 이상을 에어컨 사용하셔야 하는데, 언제까지 전기료 무서워서 폭염주의보, 열대야를 그냥 참으시겠어요?
- **So:** 이제 전기료 적게 먹고 빨리 시원해지는 에어컨으로 바꾸세요. 지금 사용하시는 애물단지 에어컨을 계속 쓰시다가는 배보다 배꼽이 더 커집니다. 에어컨만 바꿨을 뿐인데 전기료가 확 줄어듭니다. 최신형 에어컨의 핵심 부품인 디지털 인버터 컴프레셔가 스마트하게 초절전으로 소비전력을 꼭 잡아드립니다. 매일매일 몇 시간씩 틀어도 에너지소비효율 1등급이라 전기료 걱

정 안 하셔도 되는 거예요.

- N: 방송에서만 무이자 36개월 할부의 혜택과 Big3 사은품을 드릴 수 있으니까, 지금 선택하세요. 에어컨은 빨리 구입하셔야 설치도 빨리 된다는 거 알고 계시죠? 오늘 선택하신 분들은 빠른 배송·설치까지 약속드립니다.

- A: 자동주문번호로 들어오시면 할인혜택 누리면서 편하게 주문하실 수 있고요. 모바일 앱으로도 주문 가능하십니다.


홈쇼핑에서 많이 들어본 것 같은 내용이다. 이렇게 파소나에 채워 넣을 수 있는 내용만 잘 준비해 놓으면 생방송 60분 동안 무궁무진하게 활용할 수 있다. 그리고 위기상황이 닥칠 경우, 당황하지 말고 파소나를 각색하면 된다. 타깃팅 대상은 변함이 없겠지만 문제를 느낄 만한 상황을 다르게 설정하는 것이다. 해결책 역시 그에 맞춰서 바꾼다.


최신형 노트북 론칭 방송을 진행하게 되었다. 타깃은 20~40대 학생과 직장인으로 잡았다. 무게가 무겁고 속도가 느려진 노트북으로 인해 불편한 상황들을 가정해 이제 가볍고 속도 빠른 노트북으로 공부와 업무의 효율을 높이라고 제시했다. 하지만 반응이 영 시원찮았다. 기존에 방송했던 제품들과의 차별화를 느끼지 못한 것이다. 즉시 고객을 자극할 만한 또 다른 이슈를 꺼내 들었다. 당시 판매하던 노트북은 삼성 노트북 가운데서도 최고급 라인업의 제품으로, 메탈 소재에 세련된 디자인이 특징이었다. 또한 이전에는 홈쇼핑에서 한 번도 노출된 적이 없는 제품이었다. 여기에 가치를 부여했다.

"요즘은 휴대전화부터 웬만한 전자제품 모두 메탈이 대세입니다. 세련된 디자인에 마음을 빼앗기고 여기에 견고한 소재라서 쓰면 쓸수록 더 가치를 느끼실 겁니다. 그런데 여러분의 노트북은 메탈인가요, 아닌가요? 이제까지 TV 홈쇼핑에서 한 번도 못 보여드렸습니다. 워낙 고가이기도 하고 CF, 드라마, 예능 프로그램 할 것 없이 노출이 너무 많이 돼서 그냥 보기만 해도 얼마나 인기 모델인지 아실 거예요. 이제는 노트북도 최고급 라인업으로 쓰세요. 누군가에겐 로망이었던 노트북을 이제는 여러분이 소유할 차례입니다."

기존 TV 홈쇼핑에서 노출됐던 노트북보다 30~40만 원 이상 비싼 가격에 망설이는 고객들이 많았지만, 방송 종료 5분을 남겨두고 폭발적으로 콜이 올랐다. 타깃은 여전히 20~40대 고객이었지만, 고급스럽고 세련된 노트북을 쓰고 싶어 하는 마음을 강하게 자극해 반등하게 한 것이다.


홈쇼핑에서 PT의 목적은 고객으로 하여금 제품을 사게 하는 것이다. 이를 위해서 타깃팅 대상이 누구인지, 어떤 상황에 필요한

지, 경쟁 제품이나 트렌드에 관한 시장조사 결과와 우리 제품만의 차별화가 무엇인지를 명확히 해야 한다. 이 모든 것을 능숙하게 다루어 고객의 마음을 확실하게 사로잡는 PT를 구성하길 원한다면 010.9908.8403으로 문자를 보내 보라. 철저히 준비해서 위기를 기회로 뒤집는 PT 구성법의 모든 것을 전수해 주겠다.

# 07

# 잘 사는 사람이
# 잘 판다

정보는 힘이 아니다. 정보는 부담거리일 뿐이다. 정보를 나누어라.
그러면 부담도 나눌 수 있을 것이다.

**– 잭 스택**

"홈쇼핑에서 판매하는 건 매장에서 파는 거랑 다르다던데, 똑
같은 제품이 맞나요?"

"홈쇼핑의 가격 조건이 정말 다른 데 비해서 좋은 건가요?"

홈쇼핑 방송을 진행하면서 자주 받는 질문들이다. 특히 첫 번
째 질문은 자동응답기처럼 대답할 수 있을 정도로 많이 들었다.
정확한 답은 '절반은 맞고 절반은 틀리다'이다.

아마 홈쇼핑 방송에서 쇼호스트가 '시중 동일 모델'이란 말을
하는 걸 들어 본 적이 있을 것이다. 이 표현을 쓰는 제품은 오프
라인 매장에 판매하는 제품과 모델명(상품 고유번호)이 동일한 똑같
은 제품이다. 내가 주로 방송하는 가전, 디지털 제품의 경우 가격
대가 높은 만큼 고객 입장에서는 자신이 매장에서 살펴보고 온

제품과 동일한지를 확인하고 싶어 한다. 그런 마음을 알기에 언제 출시되었고, 어떤 매장(백화점, 마트 등)에 있는지를 '최신 모델, 백화점 동일 모델' 등의 수식어로 꼭 표현하고 있다.

해당 표현이 방송 중에 쇼호스트의 멘트나 자막, 패널 등으로 노출된다면 똑같은 제품이라고 보면 된다. 앞서 이야기한 적 있지만, 상품과 관련된 객관적인 정보는 사전에 방송심의를 통과하기 위해 증빙자료를 제출해야 하므로 방송에 노출되는 내용은 거짓으로 나갈 수가 없다.

그럼에도 절반은 틀리다고 이야기한 이유는, 홈쇼핑 전용 모델이 있기 때문이다. 고객들 중에 이 '홈쇼핑 전용'에 대한 선입견을 가진 사람이 많기에 방송에서 굳이 전면에 노출하지 않는다. 만약 방송에서 시중 동일 모델이란 표현을 쓰지 않는다면 전용 모델이라고 여기면 된다. 최근에는 '시중 동일 시리즈'라는 표현으로 노출하는 경우도 많다. 어째서 모델이 아니라 시리즈인지 설명하자면 우선 전용 모델에 대한 선입견에 대해서 언급하지 않을 수가 없다.


홈쇼핑이 타 유통채널에 비해 가격 조건이 좋다 보니 사람들은 자연스럽게 홈쇼핑에서 파는 물건은 따로 생산, 관리할 것이라고 생각하는 경우가 많다. 그런 선입견이 언제, 어디서부터 생겨났는지 모르겠지만 적어도 현재는 그런 일이 일어날 수가 없는 구조다.

가령 내가 판매했던 삼성전자 제품의 경우, 홈쇼핑만을 위한 모델을 따로 제조, 생산하는 것은 회사 입장에서 굉장히 비효율적인 일이다. 비용이 많이 들기 때문이다. 회사는 비용을 최소화하기 위해 백화점, 직영점, 마트, 온라인, 홈쇼핑 모두 같은 공장에서 같은 제조공정으로 만든다.

대신 고객이 상품에 바라는 니즈가 다를 수 있으니 이를 반영해 제품별로 다양한 라인업이 있다. 소재나 디자인을 최고급으로 하고 주요 기능부터 부가 기능까지 모두 갖춘 프리미엄 제품부터, 취할 것은 취하고 뺄 것은 뺀 합리적인 제품까지 말이다. 유통채널별로 이 다양한 라인업의 제품을 각자의 특성에 맞게 가져간 후 고객을 대한다. 최고급 제품일수록 백화점 같은 오프라인 매장의 판매비율이 높고, 합리적인 가격대의 제품은 마트나 온라인, 홈쇼핑에서 판매가 잘 되는 편이다.

그러니 홈쇼핑 전용 상품이라고 해서 이상하게 생각할 것은 없다. 만약 이보다 더 많은 기능을 갖춘 프리미엄 제품이 갖고 싶다면 다른 유통채널에서 찾아보면 될 뿐, 홈쇼핑 상품에는 아무런 문제가 없다. 자주 볼 수 있는 '시중 동일 시리즈'에서 시리즈는 해당 라인업의 상품이 오프라인 매장에서도 판매가 되고 있다는 것을 의미한다. 차량에 비유하자면 BMW도 1~7로 시리즈가 나뉘지 않는가. 같은 시리즈라도 세단, 쿠페, 컨버터블로 나뉠 수 있고 옵션도 상이하다. 이처럼 전용 모델에 대한 불신이 있는 고객들에게 동일한 라인업(시리즈)이 판매되고 있으니 안심하고 구입하라는 하나의 장치로 보면 된다. 물론 동일한 라인업이라는 것이지 기능이 똑같다는 게 아니니 가격 비교에 있어서도 그 점을 염두에 두고 봐야 착오 없이 구매할 수 있다.

첫 번째 질문에 비해 두 번째 질문은 다소 복잡한 답을 할 수밖에 없다. 기준을 어디에 두느냐에 따라 다르기 때문이다.

나는 주로 홈쇼핑에서 쇼핑을 많이 하는 편이다. 특히 휴지나 샴푸, 클렌징 제품, 메이크업 제품처럼 쟁여 두고 쓰는 건 무조건 홈쇼핑에서 구입한다. 홈쇼핑의 최대 장점이 공동구매 효과다 보니 대량으로 샀을 때 타 유통 대비 훨씬 싸게 구입할 수 있기 때문이다. 이 말은 반대로 소량만 필요한 고객은 홈쇼핑을 이용할 경우 과소비를 하게 될 확률이 높다는 것을 의미한다. 결국은 다 쓰지 못하고 유통기한을 넘겨 버리거나 많이 쌓이게 된다. 자연스레 가족이나 친구에게 나눠 주는 경우가 종종 생기니 이는 결코 싸게 샀다고 좋아할 일만은 아니다. 기준을 개인의 특성이나 가족의 사용 패턴에 두고 오래 쓰겠다 싶은 제품은 홈쇼핑을 이용한다면 싸게 잘 구입한 것이 맞다.

'최대 용량 증정', '최다 혜택' 등의 수식어가 붙어 있을 때 가성비가 더 좋아지니 유심히 살펴보자. 특히 '최다 구성 증정, 오늘 마지막'이 붙어 있다면 가장 많이 증정하는 날을 제대로 잡은 것이다. 보통 단종하거나 당분간 판매하지 않을 때 재고를 남기지 않기 위해 구성을 많이 챙겨 준다. 이때 충동구매를 하는 것보다 사고 싶은 리스트에 있던 제품일 때 구매 결정을 내리는 게 현명한 소비다.

디지털, 가전제품이나 여행 등 고가의 상품의 경우 홈쇼핑이 주는 가장 큰 혜택은 긴 무이자 할부 혜택이다. 무이자 24, 36개월은 흔한 경우이고, 가격이 400~500만 원대인 프리미엄 제품을 무이자 60개월로 판매한 적도 있다. 이렇게 긴 무이자 할부 혜택은 오프라인 매장에서 받기 어려우니 홈쇼핑을 이용하면 이자 없이 10년 이상 쓸 가전을 좋은 제품으로 구입할 수 있다. 여기에 홈쇼핑의 빼놓을 수 없는 혜택인 풍성한 사은품이 더해지니 주부 입장에서는 고가의 제품일수록 홈쇼핑을 이용하면 알뜰하게 구입할 수 있는 셈이다.

그럼에도 오프라인 매장과 꼼꼼히 비교해 보고 결정할 것을 권유하는 이유는 매장별로 할인을 더 해 주는 경우가 있기 때문이다. 무이자 할부는 3개월밖에 안 되지만 본품의 가격을 몇십만 원 더 싸게 해 준다면 상황에 따라 그 편이 나을 수도 있다. 그러니 고민이 된다면 홈쇼핑의 혜택을 잡아 놓고 발품을 팔아 본 후 결정해도 늦지 않다. 나 역시 한 달에 나가는 생활비가 부담스러울 때는 무이자 할부가 긴 것을 선택하고, 그렇지 않을 경우 사은품이 적더라도 할인을 더 받는 것을 선택한다.

홈쇼핑은 잘 이용할 경우 그 어떤 유통보다 합리적이고 알뜰한 구매가 가능하다. 요즘은 각 홈쇼핑별로 스마트폰 앱을 이용하는 것을 추천한다. 적립금과 할인 혜택이 많아 더 싸게 구매할 수 있다. 앱을 이용하면 상품에 대한 후기도 바로 확인할 수 있어 냉정한 고객들의 평가를 참조해 최종 구매 여부를 결정하는 게 좋다. 또한 홈쇼핑은 반품, 교환이 무료지 않은가. 배송비를 받지 않으니 고가의 상품일 경우 부담 없이 충분히 고민한 후에 결정을 내릴 수 있다.

내 주변에도 홈쇼핑에서 자주 쇼핑하는 여성 직장인이나 주부들이 많다. 안타까운 것은, 그들 대부분이 구매한 후에 썩 만족스럽지 않아도 취소하기 귀찮아 그냥 쓰거나, 또 새롭고 좋아 보이는 제품을 방송에서 보면 충동구매한다는 것이다. 나 역시 몇 년 전까지 그런 소비를 해 봤기 때문에 더더욱 말리고 싶다.

배송 받고 나서 꼭 한번 고민해 보자. 과연 내가 오프라인 매장에서 이 상품을 이 가격에 봤더라도 샀을까 하고 말이다. 분명 더 까다롭게 상품을 꼼꼼히 살펴보며 살까 말까 고민했을 것이다. 홈쇼핑 구매를 할 때도 이처럼 엄격한 기준을 유지해야 한다. 품질에 비해 가격이 비싸다는 생각이 든다면 거침없이 돌려보내야 한다. '홈쇼핑에서 샀는데 이 정도면 훌륭한 구매야'라고 관대하게 생각해서는 안 된다. 60~70%의 만족도로 구매 결정을 내리게 된다면 장기적으로 봤을 때 고객과 홈쇼핑 모두 손해다.

홈쇼핑은 잘 이용하면 당신을 스마트한 소비자로 만들어 주는 고마운 존재다. 어느 유통에서 쇼호스트만큼 친절하고 상세하게 상품을 안내해 주며, 좋은 가격 조건에 사은품까지 챙겨 주겠는가. 그래서 나는 드라마나 뉴스를 보는 중간에도 홈쇼핑 채널을 잠깐씩 보면서 뭘 팔고 있는지, 관심 있는 상품이라면 혜택이 어떤지 꼭 체크한다. 이런 나를 보고 가족들은 '쇼핑 검색 똑순이'라고 부른다. 업계에 몸담으면서 쇼핑의 지혜도 늘었다. 잘 사는 사람이 잘 파는 법임을 몸소 느끼고 있다.

# 08 셀러브리티 마케팅으로 변화를 모색하라

합리적인 권위는 능력에 기초를 두고 있으며, 그것에 의존하는 사람이 성장하는 데 도움을 준다.
비합리적인 권위는 힘에 기초를 두고 있으며 그것에 종속된 사람을 착취하는 데 도움을 준다.
**– 에리히 프롬**

요즘은 TV 홈쇼핑에서 인기 연예인들을 자주 볼 수 있다. 예전에는 소위 잘 나가는 스타들이 홈쇼핑에 출연하는 것을 보기 힘들었다. 그도 그럴 것이 홈쇼핑 상품은 저렴하니 품질이 떨어질 것이라는 선입견 때문에 이미지가 중요한 연예인에게 좋은 영향을 미치지 못할 거라고 생각해 왔기 때문이다.

하지만 요즘은 상황이 달라졌다. 방송에서 스스로 홈쇼핑 마니아임을 밝히는 연예인들이 생겨나면서 대놓고 '홈쇼핑 찬양론'을 펼치는 사람들이 늘었기 때문이다. 자신들만이 아는 장소에서 쇼핑할 것 같았던 셀럽들도 스스럼없이 홈쇼핑의 상품을 구입했다고 이야기하고 심지어 홈쇼핑을 칭찬하는 인터뷰를 본 적도 있다. 그도 그럴 것이 최근의 홈쇼핑은 트렌드에 뒤쳐질세라 신상품을 출시하고, 최근 들어 각광받고 있는 안마의자 같은 렌털 제품이나 셀프 마사지기 같은 편리한 제품을 다른 유통채널보다 앞서 보여 주고 있지 않는가. 이런 홈쇼핑의 노력이 판에 박힌 스타일을 반복한다는 선입견을 무너뜨리고 트렌디한 제품을 좋은 조건으로 보여 주는 유통채널로 자리매김하게 했다.

TV 홈쇼핑에 등장하는 셀럽을 크게 브랜드 대표, 모델, 전문 게스트, 진행자형으로 분류할 수 있다.

브랜드 대표는 상품의 제작·기획자로서 방송에 출연하는 것이다. 주로 이·미용 상품에서 볼 수 있는데, 메이크업 아티스트나 헤어 디자이너 등이 있다. 최근 셰프 열풍이 불면서 각종 프로그램을 통해 인기를 얻은 셰프들이 자신의 브랜드를 론칭해 홈쇼핑에서 판매하는 모습을 종종 볼 수 있다. 셰프뿐만 아니라 요리에 일가견이 있는 연예인들도 식품 브랜드에 뛰어들고 있다. 정준하, 박수홍, 이현우 등은 기존의 시청자들이 갖고 있던 호감도를 자신의 브랜드에 투영시켜 높은 판매고를 기록하고 있다.

모델로 자주 등장하는 셀럽은 주로 배우나 가수, 패션모델 등 비주얼이 뛰어난 연예인들이 많다. 이·미용 상품, 다이어트 제품 등에서 사용 효과를 극대화한 비주얼을 보여 주기에 최적화된 모델형 출연자가 연예인인 셈이다. 특히 애경산업의 에이지투웨니스 에어쿠션팩트는 일명 '견미리팩트', '모녀팩트'라고 불릴 정도로 많은 사랑을 받았다. 이는 중년 여배우 견미리 씨가 TV 홈쇼핑에 직접 출연하지 않았다면 불가능했을 것이다.

전문 게스트는 특정 분야의 전문가가 상품에 대한 신뢰성에 힘을 실어 주기 위해 등장한다. 의사, 인테리어 전문가, 스타일리스트, 헬스 트레이너 등 특정 분야의 전문가가 출연해 상품의 장점을 설명하는 것이다. 쇼호스트는 주어진 상품을 모두 다 좋다고 이야기할 것 같다는 생각 때문인지, 비중 있게 등장하는 전문 게스트로 인해 주문을 결정하는 고객들이 많다.

흔히 홈쇼핑의 메인 진행자는 각 홈쇼핑사에서 뽑은 쇼호스트라고 생각하지만, 요즘은 전문 방송인이 메인 진행자를 맡고 있는 경우를 심심찮게 볼 수 있다. 홈쇼핑의 평균 시청률은 불과 0.1%대다. 시청률이 매출로 이어지는 것은 당연한 결과니, 조금이라도 시청률을 높이기 위해 인지도가 있는 전문 방송인을 출연시키고자 하는 것이다. 가령 국민 MC 유재석이 홈쇼핑에서 고정 프로그램을 맡았다고 가정해 보자. 아마도 꽤 많은 시청자들이 챙겨 보지 않겠는가. 그래서인지 홈쇼핑에서 연예인들이 자신의 이름을 내걸고 고정 프로그램을 맡는 것을 종종 볼 수 있다.

그중에서도 가장 오랜 기간 많은 사랑을 받고 있는 진행자는 왕영은 씨다. 그녀는 1980~1990년대 최고의 MC로 인기를 얻다가, 결혼 후에는 KBS 라디오 DJ로 컴백해 10년 넘게 진행하며 중

년층의 탄탄한 지지를 얻고 있다. 2007년 CJ오쇼핑에서 TV 홈쇼핑 방송을 시작해 현재는 GS홈쇼핑에서 〈왕영은의 톡톡톡〉을 진행하고 있다. 주로 주방, 생활, 이·미용, 패션잡화 등의 제품을 다루는데, 특유의 고급스러운 분위기와 똑 부러지는 화법 때문에 시청률 역시 평균 프로그램 대비 2배 이상 높다는 게 업계 관계자의 설명이다.

한층 어려진 고객 나이대의 수요에 맞추기 위해 젊은 세대들에게 인기가 많은 연예인을 섭외하려는 노력도 볼 수 있다. 아나운서 출신부터 개그맨, 배우 또는 그들의 가족까지 홈쇼핑에서 보지 못했던 신선한 조합들이 눈에 띈다. 또 TV보다 휴대전화와 친한 20대 고객을 유인하기 위해 유튜브 스타가 진행자로 등장하는 판매 영상을 제작해 모바일 앱에서 볼 수 있게 되어 있다. 이처럼 정형화된 홈쇼핑 방송에서 벗어나 새로운 콘텐츠로 변화를 주려는 시도는 미래를 내다 봤을 때 희망적인 방향이라 할 것이다.

그렇다면 다양한 형태로 TV 홈쇼핑에 포진하고 있는 셀럽에 대해 고객들은 어떤 감정을 느끼고 있을까.

2013년에 발표된 〈연예인 이름의 제품(브랜드) 관련 조사〉 보고서에 따르면 1,000명의 성인남녀를 대상으로 조사한 결과, 연예인 제품(브랜드)은 TV 홈쇼핑을 통해 인지한 경우가 61.6%로 가장 많았고, 이어 인터넷 뉴스/기사, 인터넷 광고를 통해 알게 된 경우가 많았다고 한다. 연예인 제품(브랜드)에 호감이 있는 응답자의 경우 TV 홈쇼핑을 통해 제품을 접해 본 경험이 타 응답자 대비 좀 더 높게 나타났다. 특히 연예인이 직접 나와서 제품을 홍보하는 TV 홈쇼핑 시청 경험은 81.1%로 매우 높은 수준이었다.

하지만 이에 대한 시청자의 의견은 호불호가 명확했는데, '다른 홈쇼핑 방송보다 더 상업적이다', '연예인이 너무 많이 나와서 보기 싫을 때도 있다', '제품에 대한 정보 설명은 타 방송 대비 부족한 것 같다' 등의 부정적인 의견이 다소 높게 나타났고, 반대로 '다른 홈쇼핑 방송보다 재밌다', '다른 홈쇼핑 방송을 볼 때보다 제품을 더 사고 싶다' 등의 긍정적인 의견도 꽤 높은 비중을 차지했다.

재미와 새로움을 추구하는 현재 홈쇼핑의 흐름상, 연예인이 등장함으로써 고객이 좀 더 친근하고 유쾌하게 받아들이게 된다는 것은 엄청난 장점이다. 일반 방송에서는 잘 알려지지 않았던 그들의 특별한 비법을 소개할 때도 많아 마치 토크쇼를 보는 느낌으로 한참을 보게 될 때도 있다.

실제로 롯데홈쇼핑의 간판 프로그램이자 방송인 최유라 씨가 메인 진행자인 〈최유라쇼〉에서 삼성 청소기 방송을 함께 진행하며 깜짝 놀랐던 적이 있다. 미팅 자리에서부터 꼼꼼하게 제품을 분석하고 베테랑 주부이자 방송인으로서 거침없이 제품의 장·단점을 지적하고 고객에게 전달할 것을 정리해 나가는 카리스마에 압도되는 기분이었다. 오랜 시간 라디오 프로그램을 진행하면서 시청자와 소통해 본 경험이 있는 만큼 그녀는 홈쇼핑 생방송에서도 고객과 수다 떨듯이 재미나게 방송을 이어 나갔다. 본인만의 청소 비법을 제시하며 척척 시연하니 콜이 기하급수적으로 올라갔고, 결국 매진이 되었다.

나는 그날 그녀와 방송을 함께하면서 고객들이 방송을 통해 어떤 이야기를 듣고 싶어 하는지 깨닫게 되었다. 그녀는 셀럽 이전에 살림 전문가로서 주부 고객들의 마음을 대변하고 있는 것이었다.

하지만 아무래도 고객 입장에서는 TV 프로그램에서 자주 보는 셀럽이 홈쇼핑마저 등장할 경우 피로도가 높을 수 있고, 소개하는 제품보다 이들의 출연료에 더 관심이 생길 수도 있다. 스타 마케팅에 의존하게 되면 장기적으로 봤을 때 홈쇼핑사가 추구하는 메시지 전달이 어렵고, 신뢰도 역시 셀럽의 이미지에 좌우되다 보니 한순간에 무너질 수 있다. 때문에 홈쇼핑은 과도한 마케팅을 하지 않으면서 질 좋은 제품을 소개하는 데 자체적으로 힘써야 하며, 셀럽 역시 본인이 판매한 제품에 대한 책임감과 파급 효과를 떠올리며 신중하게 방송에 임해야 한다.

# 나는 홈쇼핑에서
# 인생을 배웠다

# 01 홈쇼핑은
# 나를 바꿔 놓았다

성공이 행복의 열쇠가 아니라 행복이 성공의 열쇠다.
자신의 일을 진심으로 사랑하는 사람이라면 그는 이미 성공한 사람이다.
**– 알베르트 슈바이처**

스스로를 돌아봤을 때 예전에 비해 놀랄 정도로 바뀐 부분이 있는가. 세월의 흐름에 따라 어쩔 수 없이 생긴 신체 변화가 아니라 행동이나 생각, 습관처럼 자발적인 변화 말이다. 나는 20대를 지나 30대 중반을 향해 가면서 주변 환경, 취미, 시간에 대한 개념 등 많은 것이 바뀌었다. 특히 홈쇼핑을 만나 인생이 송두리째 바뀌었다고 해도 과언이 아니다. 홈쇼핑은 이제껏 본 적 없는 새로운 내 모습을 실현시켰다.

첫 번째, 일에 있어서는 철저하리만큼 디테일을 중시하게 되었다. 회사생활을 하면서 방송을 하다 보니 사소한 문제 하나에 모든 것이 어그러지는 일을 종종 경험했다. 사전 미팅을 위해 아무리 열심히 상품 브리핑을 준비했어도 중요하지 않은 부분이라 그냥 넘어갔던 지점에서 쇼호스트의 질문을 받아 당황스러웠던 적이 있었다. 아무리 해당 분야에 대해 아는 게 많다고 해도 디테일한 부분을 놓치면 전문가라고 할 수 없는 법이다. 두루뭉술하게 대답하고 넘어가면 당장 상황은 무마되겠지만 상대가 느끼는 나에 대한 신뢰도는 낮아질 수밖에 없다. 홈쇼핑 방송에 임하는 기본자세는 상품에 대해 완벽하게 마스터하겠다는 마음가짐을 갖는 것이다.

또 하나의 디테일은 바로 '시간'이다. 홈쇼핑은 밤낮을 가리지 않는 데다 주말과 공휴일도 생방송이기 때문에 시간 엄수는 매우 중요한 부분이다. 나는 보통 방송을 시작하기 2시간 전에 홈쇼핑사에 도착해 헤어 스타일링과 메이크업 후 방송 의상으로 갈아입고 방송에 들어가기 전 스태프들과 직전 미팅, 리허설을 진행한다. 하지만 여기서 2시간 전은 지각을 체크하는 시간이 아니라 방송을 준비하기에 적합하다고 판단해 권유하는 시간이라 지키지 않는다고 해서 문제가 생기지는 않는다. 그럼에도 특별히 교통체증이나 컨디션 난조가 있지 않는 한 반드시 2시간 전에 도착했다.

이유는 오직 하나다. 이렇게 해야 완벽하게 방송을 준비할 수 있기 때문이다. 현장에서 갑자기 변경된 내용은 없는지, 샘플 제품이나 준비한 시연물에 이상은 없는지 등을 체크하고 돌발 상황에 대응할 수 있으려면 여유 시간이 필요하다. 또 스스로도 마음을 편안히 가라앉히고 주어진 방송에 집중할 수 있게 마인드 세팅을 해야 한다. 기분이 좋은 상태에서 방송도 더 잘되는 법이기 때문이다.

두 번째, 미디어(TV 방송)를 항상 관찰하되 책을 가까이 두고 정보를 얻는 것을 습관화하게 되었다. 어렸을 때부터 라디오를 듣거나 뉴스를 보는 것을 좋아하긴 했지만, 목적을 두고 방송을 모니터하거나 관찰하진 않았었다. 하지만 홈쇼핑 방송에 입문하면서 모니터를 하지 않으면 방송 진행이 힘들다는 것을 깨달았다. 고객과 자연스럽게 소통하기 위해 이슈가 되는 사건이나 트렌드, 인기 프로그램 정도는 잘 알고 있어야 하고, 진행 스타일이나 방송 연출 등을 참조하기 위해서 끊임없이 눈과 귀를 열고 있어야 한다.

더불어 책을 통해서도 미디어에서 자주 접하기 힘든 정보를 얻을 수 있다. 나는 몇 년 전만 해도 가볍게 읽을 만한 에세이니 여행 서적을 선호했는데, 지금은 각종 마케팅, 세일즈, 홈쇼핑에 관한 책을 주로 읽고 있다. 이렇게 해야 실전에서 경험하는 것과 이론이 어우러져 발전적으로 나아갈 수 있다. 최근에는 이 모든 것의 바탕에 사람의 심리가 깊이 관여되어 있다는 것을 알고 호기심을 느껴 잠재의식과 심리에 관한 서적을 관심 있게 보고 있다.

이렇게 내 생애 가장 힘들고도 치열했던 지난 5년여의 경험들이 방송에 임하는 자세, 일에 대한 가치관, 개인적인 관심사를 완전히 바꿔 놓았다. 또한 이런 경험들이 누적된 결과 내가 스스로 정한 목표가 맞다는 확신의 힘을 얻게 되었다.

아나운서 지망생 시절, 면접을 위해 자주 메이크업과 헤어 스타일링을 받았던 선생님이 있다. 그녀는 전공과는 무관하게 하고 싶었던 메이크업 세계에 뛰어들어 많은 시행착오를 겪었다. 그녀는 기계처럼 일하기보다 한 명 한 명의 고객을 진정성 있게 만나고 교감하고 싶어 자신만의 숍을 열었다. 나는 서울에서 면접이 있을 때마다 그녀에게 연락해 정성스런 메이크업을 받으며 대화를 나누는 게 참 좋았다. 메이크업을 받는 목적에 따라 완벽하게 변신시켜 주는 실력을 가진 것은 물론, 열심히 꿈을 향해 달려가는 내 모습에 아낌없는 응원을 보내 주던 좋은 인연이었다.

하지만 이후 내가 울산에서 직장을 다니고 방송생활을 시작하면서 자연스레 메이크업을 받으러 갈 일이 줄었고 연락도 뜸해졌다. 그렇게 7~8년이 흘러 한창 홈쇼핑 방송을 진행하고 있을 때, 프로필 사진을 새로 찍기 위해 오랜만에 메이크업을 받을 일이 생겨 그녀와 조우하게 되었다. 그녀는 결혼을 해 한 아이의 엄마가 되어 있었지만, 여전히 변함없이 열정적으로 자신의 커리어에 매진하고 있었었다. 그녀는 메이크업을 하기 위해 거울에 비친 내 모습을 한참 보더니 이렇게 말했다.

"지민 씨, 뭔가 달라졌는데? 뭐지? 뭐가 변했지? 아… 예전엔 지민 씨 인상이 수줍어하는 학생 느낌이었는데, 지금은 눈빛에서 카리스마가 느껴지네. 역시 한 분야의 전문가가 되고 나면 자연스럽게 눈빛부터 변하나 봐. 지금의 이 당당한 모습이 참 멋져 보인다!"

카메라에 비춰지는 일을 하다 보니 늘 외모에 신경 쓰면서 꾸준히 관리를 받았지만 눈빛에 대해서는 신경 써 본 적이 없었다. 그런데 생각해 보면 눈빛은 어떠한 물리적인 방법으로 바꿀 수 있는 게 아니지 않은가. 지금까지의 경험과 노력이 눈빛에 투영되었다고 생각하니 지나온 모든 것들이 하나도 후회스럽지 않았다.

출판 기획자이자 작가인 헬렌 S. 정은 자신의 책《뜨거운 확신》을 통해 한 사람이 품은 확신, 생각, 사고의 틀과 철학, 미래를 내다보는 판단력만이 성공의 세계를 지배하는 근본적인 법칙이라고 이야기했다. 그리고 결국 확신에 친 사람이 성공할 수밖에 없는 이유를 다음과 같은 5가지로 정리했다.

1. 특별함을 이기는 것은 끈질김이다.
2. 시련은 당연한 것이다.
3. 어느 날 갑자기는 없다.
4. 멀리 보고 매일 간다.

## 5. 나를 바쳐도 아깝지 않은 일을 한다.

처음으로 홈쇼핑 방송을 준비하던 시절에는 수줍은 열정만 가득했다. 첫 생방송에서 덜덜 떨어 보기도 하고 방송 후에 쏟아지는 지적에 스트레스를 받기도 했다. 함께 호흡을 맞추는 사람들과 친해지기 위해 나답지 않은 행동을 하기도 했고, 매출 결과에 하루에도 몇 번씩 천국과 지옥을 오가며 감정 기복이 심한 시기를 보낸 적도 있다. 만약 너무 힘들다고 투덜대며 좀 더 수월한 일을 찾아 떠났다면 지금의 나도 없었을 것이다. 누구나 자신의 커리어에 있어 결정적인 계기가 되는 사건이 발생하기 마련이다. 그 순간에 힘들어도 일의 의미와 자신의 목표를 떠올리며 묵묵히 걸어가는 사람만이 진정한 프로라고 할 수 있다.

# 02 인생에 정답은 없다

스스로 운이 좋다고 생각하는 사람은 일이 자신에게 유리하게 돌아갈 거라고 믿는다.
반대로 운이 나쁘다고 생각하는 사람은 일이 자신에게 불리하게 돌아갈 거라고 믿는다.
믿음만으로도 우리의 현재는 변화한다. 미래에 대한 믿음은 아주 위력적이다.

**— 스탠 비첨**

　　홈쇼핑 방송은 엄연히 세일즈의 일환이므로 무조건 매출이
잘 나오고 봐야 한다고 생각했었다. 상품의 조건이나 방송시간대,
방송 운영진의 컨디션 그 모든 것이 어찌되었든 매출이 좋으면 잘
했다고 평가받고, 매출이 잘 안 나오면 아쉽다고 평가받는 게 당
연하다고 생각했던 것이다. 어느 날, 열심히 방송했지만 매출이 잘
나오지 않아 축 처진 어깨로 사무실로 돌아왔는데, 씁쓸해하는
내 모습이 신경 쓰였는지 부장님 한 분이 다가와 이렇게 말씀하
셨다.

　　"지민 씨. 매출 안 나왔다고 너무 신경 쓰지 마. 그 조건으로
계속 갔다간 나중에 우리한테 완전 불리한 상황이 올 수도 있어.
지금 속이 좀 쓰려도 결점이 드러나야 개선도 되는 거지. 지민 씨

탓이 아니니까 자책할 필요 없어. 필연적인 실패였어."

그때, 결과를 숫자로만 판단하려 한 자체가 짧은 생각이었다는 것을 깨달았다. 모든 일에는 원인과 결과가 있다. 원인에 문제가 있는데 결과만 가지고 문제를 삼는다면 얼마나 앞뒤가 안 맞겠는가. 때로는 필연적인 실패도 겪어야 성공의 길로 갈 수 있다. 그러니 매사에 결과의 이면만을 가지고 정답을 맞힌 것처럼 착각해서는 안 된다. 매출이 인격이라는 홈쇼핑에서도 매출의 숫자만이 정답이 아닌데, 하물며 한 사람의 인생이라고 한들 정답이 하나만 있을 리가 없으니 말이다.

홈쇼핑 방송이 아닌 내 삶에 있어 그런 계기가 되어 준 일이 있다. 바로 1년 전 여름휴가 때 벌어진 일이다.

휴가를 계획하는 것만큼 달콤한 일이 또 어디 있을까. 집과 회사를 오가던 일상에서 벗어나 낯선 곳에서 일상을 보내는 것 자체가 힐링이겠지만, 더불어 사랑하는 사람과 맛있는 음식을 맛보며 그림 같은 풍경 속에 있을 수 있는 기회니까 말이다.

나에겐 완벽한 여름휴가 계획이 있었다. 남편과 함께 제주도로 떠나는 것이었다. 우리는 결혼 전에도 제주도로 여행을 간 적이 있다. 너무나도 아름다운 바다와 맛있는 음식들, 교통체증 따위는 없는 평화로운 모습에 언젠가 꼭 다시 오리라 다짐했었다. 그리고 드디어 한여름의 서울을 벗어나 제주도로 갈 날이 코앞으로 다가

왔다. 출발하기 이틀 전부터 연차를 내놓은 상태라 집에서 쉬고 있는데, 오후부터 머리가 지끈거리고 배가 슬슬 아프기 시작했다. 평소에도 신경성 두통과 소화불량이 자주 있었던 편이라 대수롭지 않게 생각하고 잠자리에 들었는데, 그때부터 지옥이 펼쳐졌다. 진통제를 먹어도 두통은 사그라질 줄 모르고 신경 쓰이게 아파왔으며, 누군가 내 배 속 장기를 꽉 움켜쥐는 것 같은 복통이 몇 시간째 계속되었다. 결국 먹은 것을 다 토해 내고 좀 괜찮아지려나 싶었는데, 이번에는 설사가 시작되었다. 그렇게 몸 안에 모든 것이 다 빠져 나간 기분을 느낄 때쯤, 나는 의식을 잃고 쓰러졌다. 내가 화장실에서 나오지 않자 놀란 남편이 뛰어 들어왔고 나는 침대로 옮겨진 후에야 정신이 들었다. 그리고 우리는 응급실로 향했다. 해열제를 맞고 각종 검사를 받은 후에야 바이러스성 장염에 걸렸다는 것을 알 수 있었다. 하지만 그 순간 내가 궁금한 사실은 딱 하나밖에 없었다.

"선생님, 저 내일 제주도 가도 되나요?"

의사는 웃으며 약 잘 챙겨 먹고 며칠간 흰죽과 물 외의 음식을 먹지 않는다면 가는 것은 문제가 되지 않을 것이라고 했다. 남편은 이번 여행은 포기하고 집에서 몸조리하며 쉬자고 만류했지만, 제주도에서의 여름휴가만을 오매불망 기다려 온 나에겐 소용없는 일이었다. 그렇게 다음 날 아침 우리는 제주도행 비행기에 몸을 싣고 떠났다. 장염 때문에 몸에 힘이 하나도 없었던 터라 바다 수

영은커녕 근처를 산책하는 데 그쳤지만, 그것만으로도 좋았다.

　문제는 남편은 장염이 아니니 제주도의 갖가지 해산물을 마음 껏 먹어도 된다는 것이었다. 그는 미안해하며 음식을 먹었고 나는 괜찮다고는 했지만 맛보고 싶은 마음을 참기가 힘들었다. 결국 아 주 조금씩 맛을 보기 시작했다. 음식의 유혹에 살짝 넘어간 지 몇 시간 뒤 다시 설사 증상이 나타났고, 우리는 급하게 호텔로 복귀 했다. 그리고는 3박 4일 내내 호텔에만 '갇혀 있었다'는 비유를 쓸 정도로 아무 데도 갈 수 없었다. 의사의 긍정적인 예상과는 다르 게 나는 잠깐만 서 있거나 걸어도 배가 아팠다. 그저 호텔 침대에 가만히 누워 있는 것만이 내가 할 수 있는 최선이었다.

　하지만 멍하니 누워 있으면서 몇 가지 깨달은 게 있다. 이번 사건의 원인이 혹시 일과 휴식의 밸런스가 맞지 않는 내 삶에 하 늘이 내린 혹독한 벌이 아니었을까. 일 때문에 바쁘니 여행을 못 가는 게 당연하다 여기고, 1년에 한 번 있는 여름휴가에 지금까지 취하지 못한 휴식을 올인하려 했다. 그러니 장염에 걸리지 않았다 한들 어느 순간 내 몸에 탈이 난다 해도 이상할 게 없지 않을까. 앞만 보고 달려온 나에게 이게 진정 원하던 삶인지 자문하게 되 었다.

　여행이 계획대로만 풀린다면 행복한 여정이 될 것이다. 하지만 계획대로 되지 않는 데서 생각지도 못한 추억이 생기기도 한다. 최악의 여름휴가로만 기억될 뻔했던 사건이 삶을 되돌아보게 하는 계기가 될 줄 예상도 하지 못했다. 인생이란 이렇게 불행의 얼굴을 한 기회가 오기도 하는 법이다.

동기부여가이자 작가이며 출판사 〈위닝북스〉를 운영 중인 권동희 대표의 책《당신은 드림워커입니까》에는 이런 내용이 있다.

"인생은 언제나 예측 불가능하다. 그래서 인생이란 살아볼 만하지 않을까. 예측할 수 없기에 인생을 내가 꿈꾸는 대로 만들어 갈 수 있다. 미래는 지금 저지르는 만큼 달라진다. 나는 머리가 아닌 가슴이 시키는 대로 저지르고 보는 어른 아이인 철들지 않은 인생이 즐겁다."

몇 년 전만 해도 인생에 정답은 없다며 그저 하고 싶은 대로 밀고 나갔던 내가, 일에 푹 빠져 방송만 하다 보니 나도 모르게 '인생은 이런 것이다'라고 정의 내리고 거기서 벗어나려 하지 않았다. 스스로 짜놓은 틀 안에 갇혀 버린 꼴이다. 그게 너무나도 단단해 웬만한 충격에는 쉽게 깨지지 않았을 텐데, 장염으로 인해 꽤 큰 고통을 경험하다 보니 불쑥 내 안에 어른 아이가 튀어나와 다른 삶을 살아 보자고 이야기하기 시작했다.

삶의 패턴이 쌓여 미래가 만들어진다. 내일 나의 삶을 예측하려면 오늘을 어떻게 살았는지 보면 된다는 말도 있지 않나. 결국

그 패턴의 질에 따라 인생이 결정된다고 해도 과언이 아니다. 앞
으로 펼쳐질 내 인생을 예측할 수는 없지만 지금의 패턴으로는
원하는 삶에 도달하지 못할 것이라는 사실은 알게 되었다. 변화가
필요하다. 일에 미쳐 있던 나를 뒤로 하고 또 다른 정답을 찾아가
야 하는 순간이 왔다.

# 03 나만의 색깔로 도전하라

사람은 늙고 나이 들어서 새로운 도전에 대한 꿈을 중단하는 것이 아니라,
새로운 도전에 대한 꿈을 접을 때 늙는다.
**– 엘링 카게**

　내게 있어 도전이란 가진 거라고는 열정밖에 없는 내가 성취
하고자 하는 바를 얻어 내기 위해 무작정 노력하는 것이었다. '맨
땅에 헤딩하기'가 딱 적합한 표현이다. 몸은 괴롭지만 마음은 편하
다. 누가 뭐라 해도 흔들림 없이 확고하기 때문이다. 그러니 20대에
했던 도전은 차라리 쉬운 편이었다. 30대가 되어, 어느 정도의 커리
어가 쌓인 후 도전을 하려니 가지고 있는 게 아깝다는 생각이 들
었다. 변화의 시작은 포기라는 말이 있는 것처럼 비우고 버려야 비
로소 새로운 것을 채울 수 있다. 지금 내가 움켜쥐고 있는 것들 중
에서 무엇을 취하고 무엇을 버려야 하는지 선택해야 하는 것이다.

　그때 도움을 받은 책이 존 맥스웰의 《꿈이 나에게 묻는 열 가
지 질문》이었다. 책에서는 진짜 꿈의 의미를 정의하고 그 꿈을 이

루기 위해 스스로 어떤 준비를 해야 하는지에 대해 알려 주고 있다. 특히 인상 깊었던 부분은 꿈을 이루고 싶다면 강점, 습관, 잠재력이 하나로 결합되어야 한다는 것이다.

강점은 과거로부터 해 온 노력을 통해 결국 가장 잘하는 일이 된 무언가를 의미하고, 습관은 현재의 내가 조금씩 나아지기 위해 일상에서 반복하고 있는 행위다. 잠재력은 타고난 고유한 능력으로 나만이 가지고 있는 특별한 능력이 어떤 것인지 정확히 파악하고 집중해야 한다. 결국 이 세 가지가 같은 방향으로 나아갈 때 시너지가 생기고 꿈은 한층 더 가까이 다가온다.

내 강점은 커뮤니케이션을 잘하는 것이다. 지금까지 방송, 강연, 대화 어떤 방식으로 접근하든 사람들과 스스럼없이 어울려 친근감을 조성하고 그들에게 나의 메시지를 전해 왔으니 완벽히 잘하는 일이라고 볼 수 있다. 하지만 그 외엔 못하는 일들이 너무 많다. 내 강점이 아닌 일은 다른 사람의 도움을 받고, 강점과 잠재력을 더 끌어올릴 수 있는 좋은 습관들을 정해 병행해야 한다. 책에는 어째서 강점만을 살리는 데 집중해야 하는가를 보여주는 한 남자의 일화가 나온다.


"지휘자가 되는 것이 꿈인 남자가 있었다. 하지만 쉽게 말하면 그의 지휘스타일은 영 꽝이었다. 그는 부드러운 악절을 지휘할 때는 몸을 잔뜩 웅크렸다가 크레셴도가 나올 때면 소리를 지르며

허공으로 펄쩍 뛰어 올랐다. 한번은 오케스트라 단원들에게 극적인 신호를 보내려고 공중으로 뛰어오른 적이 있는데 정작 단원들은 그 신호를 따르지 않은 적이 있다. 그가 너무 일찍 뛰어올랐기 때문이다. 그래서 단원들은 이후로 곡의 흐름을 따르기 위해 지휘자 대신 제1바이올리니스트를 쳐다볼 때가 더 많았다.

그는 또한 기억력도 좋지 않았다. 연습 중에 단원들이 지휘자의 지시대로 일부 악절을 생략하고 넘어간 적이 있다. 그런데 지휘자는 단원들이 그 부분을 연주하지 않았다며 바로 지휘를 멈추고 '그만! 틀렸어. 그게 아니야! 다시! 다시!' 하고 소리를 질렀다.

그는 조심성도 없었다. 자신이 작곡한 피아노 협주곡을 공연할 때 직접 피아노를 연주하며 지휘했는데, 그만 피아노 위에 놓여 있던 촛불을 넘어뜨리고 말았다. 다른 공연에서는 성가대 단원 한 명을 때려눕히기도 했다.

결국 다른 음악가들은 그에게 지휘자가 되는 꿈을 접으라고 만류했고, 그는 자신의 꿈을 접었다. 이때부터 루트비히 판 베토벤은 지휘를 포기하고 작곡에 전념했다. 당신은 현실성에 대한 질문을 받을 때 기분이 어떤가? 자신과 잘 맞지 않는 무언가를 하느라 노력하고 있지는 않은가? 당신의 능력과 습관, 잠재력, 소망이 하나로 결합해 성공할 확률이 높은가? 아니면 당신의 꿈을 이루는 데 운이나 타인에게 의존하는가? 그렇다면 이제 변화해야 할 시간이다."

학생 때나 사회 초년생 시절에 도전할 때는 가능성을 보고 뛰어들겠지만 어느 정도 사회생활을 하고 이력을 꽤 쌓았다면 자신의 강점이 무엇인지 파악해서 도전의 방향을 명확히 잡아야 한다. 이직을 하거나 창업을 한 사람 중에 자신이 잘하고 관심 있던 분야에 집중해 성공한 경우가 많다.

여성 잡지 《싱글즈》 2017년 7월호에서 '젊은 부자들의 성공 비밀'에 관한 기사를 본 적이 있다. 특히 '인디고네프'의 대표인 박현린 씨는 좋아하는 일에서 기회를 찾고, 거기에서 파생시키는 것이 노하우라고 이야기하고 있다. 그녀는 유학생활 중 다른 나라 학생들과 음식을 나누어 먹을 때 가장 즐거웠던 것을 기억하고 '에어비앤비'의 숙박 공유처럼 집밥을 공유하는 아이디어를 떠올렸다. 처음 론칭한 브랜드 '원파인디너'는 국내에서 외국 사람을 만나 현지 음식을 먹으며 새로운 음식 문화를 체험하는 식사 문화 교류 플랫폼이었다. 이후 고객들의 요청에 따라 외국 요리 재료와 요리법, 요리 문화 및 여행 이야기를 담은 책자를 함께 배송해 주는 서비스 '원파인박스'까지 론칭했다. 성공적인 창업을 꿈꾸는 이들에게 그녀는 이렇게 말한다.

"창업은 좋아하는 일에 몰두하면 찾아오는 기회다. 창업을 하겠다고 뛰어드는 게 아니라 좋아하는 일을 하다 보면 창업으로 연결된다. 좋아하는 것을 관찰하며 많이 경험해 보길."

이 외에도 성공적으로 사업을 하고 있는 젊은 창업가 대부분은 아이템을 정할 때 수익성만 보고 접근하지 않았다. 자신이 흥미롭게 할 수 있는 일, 잘하는 일, 가치 있다고 여기는 일에 중점을 두었다. 새로운 도전이라고 하면 뭔가 거창하게 느껴지지만, 결국 내가 좋아하고 잘하는 것에 집중한다고 생각하면 오히려 편안하게 느껴진다.

회사생활을 하고 있는 당신이 특히 잘하는 일이 비주얼 자료를 멋지게 디자인하는 것이라면 이직을 하거나 창업을 할 때도 디자인 능력에 포커스를 맞춰 활동하고 셀프 브랜딩을 해 보자. 당장 좋은 결과가 오지 않더라도 일에 대한 흥미나 자신감이 있으니 밀고 나갈 수 있고, '최소 노력의 법칙(더 적은 노력으로 더 많은 성과를 얻는 공식)'에 따라 금세 목표를 달성할 수 있을 것이다.

나 역시 홈쇼핑 방송을 진행하며 어떤 일에 소질이 있고, 재미있어 하는지를 파악할 수 있었다. 고객의 입장에서 상품 PT를 구성하는 일, 사람들 앞에서 이를 브리핑하고 대화를 주고받는 일, 생방송에서 고객과 소통하는 일이 너무나도 즐겁고 행복했다. 책을 읽고 글로 내 생각을 정리하는 것도 즐겨했는데, 개인저서를 집필하겠다고 결심한 것도 이런 내 강점을 극대화한 것이라고 할 수 있다.

스스로가 가진 선천적인 재능이 있음에도 후천적인 재능을 키우는 데 힘을 쓰며 평균에 맞추려고 하는 사람들을 보면 무척 안타깝다. 평생 회사에 소속되어 정해진 일만 할 거라면 평균 점수를 높이는 게 나을지도 모른다. 하지만 평생 나를 책임져 줄 수 있는 회사는 없다. 스스로가 브랜드가 되어 당당하게 몸값을 요구하고 즐겁게 일하기 위해서는 선천적인 재능과 관심이 이끄는 곳으로 자연스레 걸어가야 한다.

# 완벽한 타이밍은 없다

**04**

멋진 인생을 사는 사람의 사고법은 항상 긍정적이게 마련이다.
그들은 남들이 재앙이라고 느낄 만한 사건까지도 긍정적으로 받아들이고,
그것을 자신을 성장시킬 좋은 기회로 여기며 감사하게 생각한다.
그러다 보면 실제로 아무리 암울한 인생도 분명히 조금씩 나아진다.

**– 이나모리 가즈오**

타이밍을 뭐라고 정의할 수 있을까? 사전에는 "주변의 상황을 보아 좋은 시기를 결정함. 동작의 효과가 가장 크게 나타나는 순간. 또는 그 순간을 위하여 동작의 속도를 맞추는 것."이라고 정의되어 있다.

내가 내려 본 타이밍의 주관적 정의는 '자연스럽게 다가오는 기회의 순간'이다. 홈쇼핑 진행자, 가전제품 프레젠터, 대기업 재직, 안정적인 처우와 만족할 만한 수입 등 나를 둘러싸고 있는 타이틀이 늘어날수록 새로운 도전에 대한 갈증이 생겨났다. 목표가 생기면 전방만 보고 달리는 경주마처럼 성취하기 위해 무조건 돌진해 왔지만 한 번도 그 끝이 안정적으로 머무르는 것이라고 생각해 본 적은 없었다. 내게 있어 커리어는 뭔가 하나를 해내면 다음

목표를 잡아 도전하고, 끊임없이 의미 있는 것을 찾아내는 과정 그 자체였다. 이루어 낸 결과보다 이루어 나가는 과정에 더 큰 의미를 두었고, 그 과정에서 맺은 열매들이 삶의 원동력이 되어 주었다.

지난 5년 동안 하루도 홈쇼핑 생각을 안 한 적이 없다. 하루라도 쉬면 놓치는 게 있을지도 모른다고 생각했다. 일 년에 딱 한 번 일주일씩 쉴 수 있는 여름휴가 때도 홈쇼핑 방송을 모니터했다. 가족들은 모두 유난이라며 그렇게까지 하지 않아도 아무 문제가 없을 거라고 했지만, 스스로 워커홀릭을 택한 나에겐 소용없는 조언이었다.

그렇게 치열하게 보낸 하루하루가 모여 매혹적인 세일즈 PT를 구성하는 능력이 생겼고, 방송 진행을 더 잘하게 되었으며, 회사와 홈쇼핑사에서 만난 많은 사람들과의 관계도 견고해졌다. 계속해서 앞으로 나아가고 싶은 욕구는 가속 페달을 밟는 것처럼 커졌지만, 회사 안에서 성취할 수 있는 목표는 더 이상 새로울 게 없었다. 물론 목표는 생각하기 나름이니 찾으면 얼마든지 찾을 수 있다. 다양한 아이디어를 낼 수도 있고, 방송에서 보이는 시연이나 설명 방식을 변경하는 것도 가능하다. 하지만 이 모두가 본질적으로는 새로운 성취라고 할 수 없는 부수적인 것들이며 내게 큰 발전을 가져다주기는 힘들다는 걸 깨달았다.

그때 떠오른 생각이 지금까지의 경험과 지식을 정리한 책을 쓰자는 것이었다. 책을 좋아하다 보니 막연히 작가가 되고 싶다는 꿈을 가졌었지만, 공상에 불과했었다. 하지만 내가 잘 알고 있는 분야, 나누고 싶은 이야깃거리가 많은 지난 10년간의 커리어를 엮으면 충분히 책으로 나올 수 있지 않을까. 생각이 여기에 미치자 새로운 목표를 향해 심장이 뛰기 시작했다. 특별할 것 없었던 하루하루가 책의 소재가 되는 신비로운 경험을 하게 된 것이다.

회사가 영원히 내 인생을 책임져 줄 수 없으니 언젠가 퇴사하겠다는 생각은 있었지만 'Why, What, How'가 없었다. 퇴사할 만한 강력한 동기, 다음 커리어를 무엇으로 정하고, 어떻게 이끌어 나갈지에 대한 해답이 없었던 것이다. 하지만 나만의 책을 쓰면서 서서히 답을 찾아가기 시작했다.

10년 동안 방송을 진행해 보니 내 강점은 신뢰감이 느껴지는 스피치를 잘하는 것임을 알 수 있었다. 브리핑이든 설득하는 프레젠테이션이든 비즈니스 스피치에 있어 신뢰감은 핵심이 되는 중요한 부분이다. 이를 살려 홈쇼핑 방송뿐만 아니라 다양한 분야의 프레젠테이션을 진행해 보고 전문 프레젠터로 거듭나고 싶다는 욕망이 생겼다.

또 하나의 꿈은 내가 진정 하고 싶은 이야기를 하면서 방송을 하는 것이다. 지금껏 아나운서로서 뉴스를 진행했을 때나, 삼성전자 홈쇼핑 게스트가 되어 홈쇼핑 방송을 진행했을 때도 회사에

서 하고 싶은 이야기를 전달하는 대리인의 역할이었을 뿐, 말하고
자 하는 콘텐츠의 주체자는 아니었다. 책을 쓰면서 내 콘텐츠를
정립하다 보니 자연스레 이 내용을 방송해 보고 싶다는 욕망이
생긴 것이다. 마침 1인 미디어가 대세가 되면서 유튜브나 SNS를
통해 방송하는 사람들이 늘어나는 추세였고, 그 길로 크리에이터
교육을 받고 준비를 시작했다. 회사를 다니면서 새로운 욕망을 실
천한 것이다.

생각해 보면 내 인생의 극적인 순간들은 모두 뜬금없이 생겨
났었다. 스물다섯 살에 7080 음악 프로그램의 DJ가 되었고 스물
여덟 살에는 쇼호스트가 되겠다며 대책 없는 백수가 되었다. 스
물아홉 살에 드디어 꿈을 이뤘나 싶더니 30대 초반까지 회사와
홈쇼핑에 적응하느라 역대급 고생을 했다. 이제 드디어 평화로운
하루하루를 보내며 인생이 이보다 더 안정적일 수 있을까 싶었는
데 또 도전이라니.


어릴 적 너무나도 좋아했던 만화영화 〈빨강머리 앤〉의 후반부
는 학교를 졸업한 앤이 꿈에 다가가는 내용을 다루고 있다. 그중
인상 깊었던 장면은 교사 자격증을 따기 위해 퀸 학원에 입학한
앤이 졸업시험에서 우수학생으로 뽑히면 장학금을 받아 대학에
진학할 수 있다는 이야기를 듣고 새로운 목표를 향해 눈빛을 반
짝이며 말하는 장면이었다.

"야망을 갖는다는 건 즐거운 거야. 한 가지의 야망이 실현되면 또 다음 것이 보다 높은 곳에서 빛나고 있으니까! 야망이란 인생을 정말 보람 있는 것으로 만들어 주는구나."

홈쇼핑은 나를 또 다른 목표가 있는 곳으로 이끌어 주었다. 이곳에서 만난 사람들, 특별한 경험들이 없었다면 감히 새로운 꿈을 갖지 못했을 것이다. 혹시 마음 깊숙한 곳에서 자연스러운 기회의 목소리가 반복적으로 들려오는데, 때가 아니라며 무시하는 우를 범하지 말길. 완벽한 타이밍은 오지 않는다. 행동하는 내가 결과를 만들 뿐이다.

# 05 위시리스트를 작성하고
# 시각화하라

나는 성공보다 성장이라는 말을 더 좋아한다.
성공은 뒤에 실패가 기다리고 있지만 성장은 끝이 없다.
**– 박상영**


　흔히 위시리스트라 하면 '지금 당장 사지는 않지만, 관심이 있
는 물품을 나중에라도 살 수 있도록 찜해 두는 것'으로 생각하는
경우가 많다. 온라인 쇼핑몰에서 그런 용도로 이 단어를 활용하기
때문이다. 나에게 위시리스트는 꿈리스트를 의미한다. 죽기 전에
해 보고 싶은 일을 적은 목록을 가리켜 '버킷리스트'라고 하는 것
처럼 내가 꼭 이루고 싶은 목표와 그리는 이미지를 위시리스트로
만드는 것이다.

　작가로서 개인저서를 쓰고 싶다는 목표를 가지면서 내가 행동
에 옮긴 것은 책 쓰기를 가르치는 전문 코치를 찾는 것이었다. 물
론 글쓰기는 배운다고 하루아침에 느는 것은 아니다. 하지만 책을

내기 위해 주제를 잡거나 목차 꾸리기, 꼭지 주제에 맞게 스토리 텔링할 때 사례를 배치하는 방법, 무엇보다 책으로 나를 브랜딩하기 위해 어떤 준비가 필요한지 등을 짧은 시간에 제대로 배우려면 전문가를 찾아가는 게 가장 현명한 방법이다.

그래서 찾아간 곳이 바로 〈한국 책쓰기 성공학 코칭협회(이하 한책협)〉였다. 그곳에서 김태광 대표 코치를 만나게 되었다. 그는 200여 권의 책을 내고 수백 명의 작가를 배출한 최고의 책 쓰기 코치다. 〈한책협〉에는 의사, 변호사, 공무원, 교사, 회계사, 영어강사, 군인, 대학생, 식당 사장, 주부 등등 다양한 직업을 가진 사람들이 작가의 꿈을 이루기 위해 모여 있었다. 그들이 함께 공부하고 글을 쓰고 마인드를 단련하는 모습이 인상적이었다.

책을 쓴다고 모두 작가가 되는 것이 아니다. 자신의 깊숙한 곳에서 끌어올려진 있는 그대로의 글과 말, 행동으로 사람들에게 울림을 줄 수 있는 역량을 지닌 사람이 진정한 작가다. 그러려면 긍정적이고 건강한 마인드는 물론이고, 부자의 사고방식을 가져야 한다. 신기하게도 〈한책협〉에서 알게 된 작가들은 대부분 그런 성향의 사람들이었다. 작가가 되고자 시작하게 된 배움이었지만 나는 〈한책협〉에서 그 이상의 것들을 배웠다. 하루하루 자존감이 높아지고 마음 그릇이 커지는 신기한 경험을 하게 된 것이다. 어째서 이런 결과가 가능한 걸까. 해답은 간단했다. 바로 자신만의 위시리스트를 시각화해 눈에 띄는 곳에 두고 보거나 가지고 다니는 것이었다.

모치즈키 도시타카는 《보물지도》라는 책을 통해 서른여섯 살까지 실패만 거듭했던 자신에게 꿈과 소망을 이루게 해 준 유일한 도구가 '보물지도'라고 이야기한다. 보물지도의 실체는 '커다란 종이에 자신의 꿈을 써 넣고 이미지와 사진을 붙인 다음 그것을 방에 붙이고 매일 바라보는 일'이다. 이 책은 아마존 종합 베스트셀러 1위를 차지한 것은 물론, 많은 사람들에게 '꿈의 시각화'를 실천하게 했다. 보물지도를 통해 계획한 것들을 이뤄낸 사례는 셀수 없을 정도이며, 현재 그는 보물지도, 기공법('기'라는 생체 에너지의 흐름을 부드럽고 원활하게 자기치유를 이루고 건강을 되찾는 것), 포토 리딩(사진 찍듯이 정보를 흡수하는 방법으로 책을 10배 빨리 볼 수 있는 독서법) 등을 통한 인재 교육에 종사하고 있다.

그는 책에서 보물지도가 꿈을 이루는 데 효과적인 이유를 다음과 같이 정리했다.

"꿈의 실현, 목표 달성의 이미지가 명확해지고, 열정이 솟구치며, 의욕이 생기고, 이를 오래 지속할 수 있습니다. 또한 감정을 수반한 이미지를 통해 계속해서 잠재의식에 강렬하게 작용합니다(말이나 목표를 글로 쓰는 것도 강력하지만, 이미지의 작용은 더욱 강력합니다).

보물지도를 매일 봄으로써 애쓰지 않아도 자연스럽게 정보가 모여들고 기회가 넓어짐과 동시에 아이디어가 샘솟고 행동력이 향상됩니다.

항상 꿈과 목표를 의식하기 때문에 모든 행동과 사고가 목표를 향해 합리적으로 진행됩니다. 따라서 행동에 무익함이 없어집니다.

저절로 행복실감형, 감사실천형, 성공추구형이 되어 운을 불러들입니다.

매력적인 목표에 계속 도전하면서 많은 것들이 손에 들어옵니다. 도전하는 가운데 능력이 길러지고 경험이 축적되며 지원자와 인맥도 늘어납니다."

이 밖에도 수많은 효과를 통해 짧으면 6개월, 길어도 2~3년 안에 자신이 보물지도에 시각화해 놓은 목표에 다다르고 새로운 목표를 설정해 앞으로 나아갈 수 있다.

2016년에 나는 다른 작가들과 공동으로 《버킷리스트8》이라는 제목의 책을 출간했다. 주제는 간단했다. 내 가슴을 뛰게 하는 꿈의 목록을 적어 나가는 것이었다. 여기에 쓴 내 위시리스트는 크게 5가지였다.

### 1. 가치를 전하는 프레젠터, 소통하는 방송 진행자 되기

2. 꿈꾸는 이들을 위한 동기부여 멘토 되기

3. 영어를 마스터해 세계무대에서 꿈 펼치기

4. 아이와 함께 지혜롭게 성장하는 엄마 되기

5. 부의 추월차선에 올라 자유로운 인생 누리기


살펴보니 이룬 것도 있고 이루어 가고 있는 것도 있다. 특히 2017년 3월, 5년여간 근무한 삼성전자를 퇴사하기로 결정하면서 내가 선택한 길은 유튜브 방송 진행과 방송인 지망생들의 멘토가 되는 일이었다. 재미있는 사실은 꿈 목록을 쓰면서 어떻게 하면 이것을 이룰 수 있을까 한 번도 고민하지 않았다는 것이다. 그저 내 꿈을 선언하고 계속 그에 관한 생각을 했을 뿐이다. 그랬더니 어느 날 기적처럼 MCN(Multi Channel Network; 다중 채널 네트워크) 분야에서 활동하는 지인으로부터 어떻게 유튜브 방송을 시작하는지에 대한 정보와 인맥, 더불어 유튜브 크리에이터를 꿈꾸는 학생들에게 스피치를 코칭하는 기회를 제안받았다. 또 아나운서&스피치 아카데미를 운영하는 지인으로부터 정기적인 출강을 요청받기도 했다. 내가 한 일은 그저 그 제안을 수락하고 꿈에 한 걸음 다가간 것밖에 없다.

이렇듯 위시리스트를 통해 스스로 계속해서 '내 목표는 이거야, 난 이걸 이루고 싶어'라고 속삭이면 내게 유입되는 모든 환경과 기억이 그 방향으로 흘러간다는 사실을 몸소 체험하고 있다.

삼성전자라는 대기업에 근무하고 홈쇼핑이라는 굴지의 유통 매체를 통해 상품을 판매했지만 위시리스트가 없었던 나와, 구체적으로 꿈 목록을 만들고 시각화했던 나는 완전히 다른 사람이었다. 그저 보너스 많이 받기, 휴가 때 해외여행 가기가 꿈인 사람과, 스스로를 위한 6개월, 1년, 2년 후의 위시리스트가 정확히 있는 사람이 어떻게 같을 수 있겠는가.

이 책을 준비하면서 보이지 않는 것, 특히 잠재의식의 힘을 믿고 더 강한 나로 다시 태어날 수 있었다. 모든 것은 꿈에서 시작되었고 그 꿈이 다른 꿈을 파생시켜 위시리스트를 탄생시켰다. 이번에 새로 쓴 나의 위시리스트를 공개한다.

| 번호 | 목표 | 목표를 이루기 위해 필요한 것들 | 목표 기한 | 중요도 |
|---|---|---|---|---|
| 1 | 신간 베스트셀러 월간종합순위 10위 달성 | SNS 및 유튜브로 홍보활동 | 2018 | 5 |
| 2 | 전문 프레젠터, 강연가로 월수입 1,000만 원 달성하기 | SNS 활동 및 지속적인 강연을 통해 해당 분야 인맥 쌓기 | 2019 | 5 |
| 3 | 개인 유튜브 채널 구독자수 5개월 안에 2만 명 돌파하기 | 진솔하고 재미있는 콘텐츠 계속해서 고민하기, 구독자들과 교감하기 | 2018 | 5 |
| 4 | 동기부여 강연하기 (재능 기부) | 양질의 강연을 접하기 힘든 취업준비생이나 단체를 위해 활동하기 | 평생 | 5 |

| 5 | 서울 시내권에 30평대 아파트 장만, 서재 겸 사무실 만들기 | 부동산 지식 습득 및 대출과 투자의 밸런스 유지하기 | 2020 | 5 |
|---|---|---|---|---|
| 6 | 커뮤니케이션에 관한 두 번째 개인저서 출간하기 | 작가로서의 역량 키우기 (독서 등의 끊임없는 자기계발), 서점에서 생생하게 시각화하기, 경쟁도서 분석하기 | 2018 | 5 |
| 7 | 영어로 능숙하게 커뮤니케이션 및 프레젠테이션하기 | 영어구문원리 및 발음 익히기, 해외 유튜버 영상 및 드라마 자막 없이 보기, 매일 프리토킹하기 | 2019 | 5 |
| 8 | 〈백지연의 피플인사이드〉 콘셉트의 인터뷰 프로그램 진행자 되기 | 책 출간과 강연, 미디어 인터뷰 등을 통해 셀프 브랜딩한 후, 방송 관계자와 지속적으로 소통하기 | 2019 | 5 |
| 9 | 1년에 한 번씩 해외로 떠나기 | 뉴욕, 런던, 파리 등 로망이었던 도시에서 2달 이상 살아보기(현지의 영감을 얻어 원고 집필, 도서관 가 보기, 현지인과 친분 맺기 등) | 2020 | 4 |
| 10 | 평생 현역 작가로 살기 | 관심 있고 영감을 받은 분야에 대해선 무조건 책으로 써내기 | 평생 | 5 |

내 인생의 위시리스트는 지금도 계속해서 업데이트되고 있다.

# 06

# 준비 없는 삶에
# 미래는 없다

늘 배우는 자세를 잃지 마라. 지식이란 절대로 고정되거나 완결된 것이 아니다.
배우기를 끝내면 리더로서의 생명도 끝난다.
리더는 결코 자신의 능력이나 지식수준에 만족해서는 안 된다.

– 존 우든

한 해를 시작할 때, 직장인을 대상으로 올해 꼭 이루고 싶은
목표를 조사하면 1위는 어김없이 자기계발이다. 실제로 주변을 둘
러보면 대부분의 직장인들이 자격증을 취득하거나 외국어 공부,
새로운 스포츠나 악기 배우기 등을 틈틈이 하는 것을 볼 수 있다.
그런데 이 결심이 그리 오래가지 못한다는 것이 함정이다. 뭐든
꾸준히 해야 성과가 있는 법이다. 그런데 업무 특성상 월말은 바
빠서 빠지고, 직장이나 가정에 무슨 일이라도 생기면 신경 쓰느라
빠지고, 한 달쯤 해 봐도 별로 나아지는 게 없고 흥미가 떨어지니
자연스레 안 나가는 여러 상황들이 반복된다. 이러니 결국 '직장
인 10명 중 1명 새해 계획 한 달도 못 지켰다'와 같은 제목의 기
사를 보게 되는 것이다.

옆에서 항상 지켜보던 직장 동료들이 '자기계발의 여왕'이라는 별명을 붙여 줬을 정도로 나는 끊임없이 뭔가를 배우러 다녔다. 그만큼 포기도 잦았다. 언제 어떤 기회가 올지 모르니 뭐든 배우긴 해야겠고, 하다 보니 지속할 만한 가치가 느껴지지 않아 멈춘 적도 많다. 긍정적인 성격의 힘을 빌려 경험한 모든 것들이 언젠가는 도움이 될 거라고 생각하며 위안했지만 시간이 지날수록 어떤 자기계발로 미래를 준비하는 게 옳은 것일까 궁금해졌다.

의사이자 자기계발 분야 강연가로 활동하고 있는 이노우에 히로유키는《배움을 돈으로 바꾸는 기술》이라는 책을 썼다. 그는 병원을 운영하는 평범한 의사에 그치지 않고 강좌, 세미나 등에 시간과 돈을 아낌없이 투자해 이를 수입으로 선순환시킨 진정한 '배움' 전문가다. 그는 특히 인생 전반에 걸쳐 즐기면서 공부해야 함을 강조한다. 배움이 지속되다 보면 그것이 잠재의식에 전달되어 반드시 현실적인 형태로 결실을 맺는다는 사실을 몸소 보여 주고 있다. 배움이 돈이 되려면 단순히 몇 달 뒤에 자격증이 생긴다거나 특정한 기술에 통달하게 되는 수준의 공부로 끝나서는 안 된다. 스스로 바라는 모습에 가까워지고 인생이 풍요로워지는 공부를 통해 물질적, 정서적으로 모두 만족스러운 결과를 도출하는 데 이르러야 한다는 것이다.

이렇게 인생이 달라지는 공부를 꾸준히 하기 위해서는 철저한 시간 관리가 필수인데, 여기 그가 제시하는 시간 관리의 7가지 법칙에 관한 내용이 있다.

1. 우선순위를 정한다.
2. 새로운 일을 시작할 때는 지금 하고 있는 일의 일부를 덜어낸다.
3. 불가능한 일, 잘 못하는 일은 무리하지 않는다.
4. 하고 싶은 일만을 한다. 정말 하고 싶지 않은 일은 거절한다.
5. 일에 매달릴 때는 진지한 태도로 집중한다.
6. 틈새 시간을 헛되이 보내지 않는다. 아무리 사소한 시간이라도 활용한다.
7. 항상 진심을 다해 살아간다. 내일은 없다는 마음가짐으로 임한다.

시간 관리 법칙 중 실질적인 자기계발에 도움이 되는 몇 가지 법칙들을 꼭 추천하고 싶다. 무엇보다 우선순위를 정하는 것이 첫 번째다. 하루를 마무리하면서 오늘 꼭 했어야 하는데 하지 못했던 일들을 떠올리며 아쉬워하는 어리석은 행동을 반복해서는 안 된다. 나는 정신없는 회사생활과 꼭 듣고 싶은 강의 듣기, 책 쓰기를 병행하면서 평일은 회사생활을 우선순위에 두고 주말은 강의와 책 쓰기에 집중하려 노력했다. 물론 업무의 특성상 주말에도 홈쇼핑 생방송이 있어 제대로 실천하기란 쉽지 않았다. 하지만 현재의 나와 미래의 나 모두 다 중요한 존재이니 결코 현실에 쫓겨 미래를 위한 준비를 놓을 수 없다고 생각했다. 친구들을 만나는 일은 한 달에 한 번 정도로 줄이고, 전화 통화 역시 최대한 짧게 했다.

두 번째, '잘 못하는 일은 무리하지 않기'와 '정말 하고 싶지 않은 일은 거절하기'다. 자신의 비전문분야임에도 해결하려 애쓰다 시간을 낭비하거나 마음이 내키지 않는데 지인의 부탁이라 어쩔 수 없이 하면서 스트레스를 받는 경우가 종종 있다. 나는 내가 못하는 일은 과감히 해당 전문가에게 맡겨 버리고 간섭하지 않는다. 어차피 처음부터 끝까지 내가 완벽히 해낼 수 없는 일이라면 나보다 결과를 잘 도출할 수 있는 사람에게 맡기는 것이 일의 성과 면에서도 훨씬 낫다. 또한 자신이 하고 싶지 않은 일을 억지로 하게 되면 추진력이 되어 줄 열정이 생기지 않고 불평, 불만 같은 부정적인 감정에 휩싸인다. 이런 과정을 거친 결과물이 좋을 리가 없으니 자기 자신과 부탁을 한 상대 모두에게 마이너스다.

그리고 일에 매달릴 때는 최고로 진지한 태도로 집중해야 한다. 긴 시간을 투자할 수 없으니 한정된 시간 동안 목표를 설정해 놓고 최대한 몰입해서 핵심만 뽑아내야 한다. 나는 주로 이 책의 원고를 쓰는 시간과 중요한 강의안을 준비할 때 휴대전화를 꺼놓고 노트북과 다른 책들만을 준비물로 정했다. 노트북은 문서 작성 소프트웨어를 이용하면서 꼭 필요한 정보를 그때그때 검색할 수 있는 포털사이트 하나만 열어 놓아야 한다. 웹사이트를 여러 개 띄워 놓으면 잡생각만 많아진다. 독서에도 시간 관리가 필요한데, 집중해서 뭔가를 만들어 낼 때의 독서는 정독이 아니라 필요한 부분만 찾아서 콘텐츠에 반영하는 발췌독을 해야 한다. 그러기 위해서 필요한 책들을 미리 평소에 구비해 두는 센스가 필요하다.

무조건 오랜 시간을 투자해야만 좋은 결과물이 나오는 게 아니다. 이 일만이 가장 중요하다는 생각으로 자신을 온전히 쏟아부어야 한다. 인생이 달라지는 공부를 위해서 그 순간만큼은 철저히 고립될 수 있어야 한다는 뜻이다.

나는 회사에서 받은 월급의 대부분을 배움에 투자했다. 퇴근후의 저녁시간이나 주말에는 쉬고 싶은 마음을 뒤로 하고 더 열심히 자기계발에 돈, 에너지, 시간을 들인 것이다. 그렇게 2~3년쯤 지나자 배움이 빛을 발하기 시작했다. 하고 있는 일 외에도 강의와 방송, 행사 진행 요청이 들어왔고 그런 인맥을 상대로 셀프브랜딩하는 능력도 생겼다. 회사 명함이 없으면 아무것도 못할 것 같다고 생각할 정도로 자존감이 낮았지만, 점차 하고 싶은 일에 거침없이 도전하게 하는 강한 동기부여가 매일 마음속에서 생겨났다. 이렇게 안팎으로 모든 것이 변할 수 있었던 것은 자기계발로 미래를 준비한 덕분이었다.

회사에 다니면서 자신의 전문분야에 관한 책을 출간하는 직장인들이 늘고 있다. 월급 외에 인세가 따로 입금되는 것은 물론, 내가 회사에 머물러 있는 시간에도 책은 누군가에게 읽혀 강연, 방송 출연, 이직 등의 기회로 이어진다. 그 어떤 자기계발보다 성공적으로 미래를 준비하는 모습이라 할 수 있다. 이들에게 회사는 영원히 다녀야 할 곳이 아니라 언젠가 졸업할 대상이다. 회사와 자신이 함께 성장하고 발전하는 상호작용이 한계에 다다르면 자신에게 맞는 더 큰 세상을 향해 거침없이 나아갈 준비를 하고 있는 것이다.

자기계발은 절대 단기간에 끝날 일이 아니다. 한국 사회에서 의무교육을 받은 평범한 사람들은 주입식 교육에 익숙하다 보니 진정 자신을 위한 배움을 접하고 이를 삶의 방향과 태도에 반영하는 데 오랜 시간이 걸린다. 습관이 안 되어 있기 때문이다. 학교에서 너무 재미있고 행복해서 공부하는 학생을 본 적이 있는가. 아예 없거나 극히 드물 것이다. 하지만 사회에 나와서 하는 공부는 재미있고 행복해야 한다. 누가 시키지 않아도 찾아서 공부하고 몸이 피곤하더라도 조금 더 하게 되는 나만의 배움을 찾아 꾸준히 지속해야 한다.

주부였던 A는 플라잉요가를 통해 몸이 건강해지면서 삶에 활기를 되찾고, 이 운동을 할 때 너무나도 행복해하는 자신의 모습에 결국 자격증을 따 강사로 활동하고 있다. 논술 분야에서 알아주던 강사 B는 영어 공부에 재미를 느껴 계속하다 보니 논술을 가르칠 때보다 더 잘나가는 영어강사가 되었다. 어마어마한 통근 시간과 야근 문화에 지친 직장인 C는 업무 외 시간에 근무를 하지 않으면서 외국에서 살아 보고 싶다는 꿈을 가지게 되었다. 퇴사 후, 외국계 기업 입사 준비를 통해 결국 서른이라는 나이에 당당히 외국계 항공사 승무원으로 합격해 지금은 세계를 돌아다니며 더 높은 연봉을 받으며 다양한 경험을 누리고 있다.

이들이 무언가를 준비하며 얼마나 즐겁게 공부했을지 상상이 간다면 당신도 자신만을 위한 공부를 시작해야 한다. 이직이나 전직을 하지 않더라도 상관없다. 배움은 삶을 대하는 마인드를 통째로 바꿔 버리기 때문에 어떤 방식으로든 당신의 미래를 바꾸고 꿈을 이루게 해 줄 테니 말이다.

# 07 꿈이 있는 여자가 아름답다

우리가 평생 가져야 할 태도가 있다면,
지금 이 순간에 늘 감사하며 살아야 한다는 것이다

**– 랜디 포시**

10대 때는 인생에서 가장 중요한 것이 스펙이라고 생각했다. 공부를 잘하는 것만이 꽃길을 걸을 수 있는 유일한 방법인 줄 알았다. 20대 때는 많은 돈을 벌어 인생을 풍요롭게 보내는 것이 가장 중요한 게 아닐까 생각했다. 하지만 사회는 점점 스펙보다 역량을 우선시하고 있고, 일반적으로 경제적 상태가 의식주를 해결하고 남을 정도가 되면 돈이 행복에 미치는 영향이 크거나 직접적이지 않다.

그리고 30대가 되어 깨달은 것은 '꿈은 스펙과 돈을 이긴다'는 사실이다. 꿈은 시간이 흐를수록 여자를 더 빛나게 해 준다. 심지어 늙지도 않고 열정 에너지를 끊임없이 불러일으킨다. 내 주변에는 꿈꾸는 여자들이 참 많다. 자신이 행복해야 아이와 가족들도 행복해진다면서 자신이 좋아하는 일을 절대 포기하지 않고 꿈에 있어서만큼은 과감하게 실천한다.

60대 중반의 나이에도 끊임없이 뭔가를 배우고 도전하는 것을 좋아하는 한 여성이 있다. 그녀는 문학, 그중에서도 특히 시를 좋아하는데 직접 시를 써서 자신의 블로그에 올리는 것이 취미다. 교사였던 자신의 전공을 살려 취업강사 자격증을 따기도 하고, 정부에서 모집하는 산후도우미에 지원해 미혼모 가정의 산모와 아이들을 돌보기도 했다. 배움터는 주로 지역주민센터다. 가격이 저렴해 부담 없이 배울 수 있고 요가부터 중국어까지 다양한 프로그램이 마련되어 있다. 최근에는 고무신에 그림을 그리는 고무신 페인팅을 배워 작품을 만드는 중이다. 이렇게 배운 것을 실천하고 항상 새로운 꿈을 꾸는 중년 여성이 바로 우리 엄마다. 지금 내가 가진 꿈에 대한 확고한 가치관은 엄마의 모습에 영향을 받은 것인지도 모르겠다.

퇴사하고 본격적으로 나만의 일을 시작하고, 요즘은 강의와 방송을 병행하면서 영어 공부 또한 열심히 하고 있다. 30대가 되어 다시 영어 공부에 재미를 느끼게 된 계기는 해외 유튜버의 영상이었다.

나는 주로 자기계발, 책, 패션, 뷰티, ASMR(Autonomous Sensory Meridian Response; 뇌를 자극해 심리적인 안정을 유도하는 영상 콘텐츠),

브이로그(VLog; 개인이 자신의 일상을 동영상으로 촬영한 영상 콘텐츠) 분야의 채널을 즐겨 보는데 대부분이 영어로 된 콘텐츠다. 당연히 한글 자막을 켜 놓고 보긴 하지만, 다양한 해외 유튜버들의 영상을 자막 없이도 자연스럽게 볼 수 있다면 얼마나 좋을까 생각하게 된 것이다. 그리고 현재 나의 유튜브 채널에 우리말로 제작되어 있는 스피치, 보이스 강의 콘텐츠를 추후 영어 버전으로도 제작할 수 있다면 세계의 다양한 시청자와 소통할 수 있다는 상상만으로도 신나고 흥분된다.

나는 직업 특성상 행사 진행이나 프레젠테이션을 할 일이 자주 있다. 영어를 잘할 수 있게 되면 경험할 수 있는 일은 더 다채로워질 것이다. 한국어와 영어 모두 결국은 소통과 공감이 필요한 부분이니 내 장점을 더 극대화시킬 수 있을 것이라는 생각이 들었다.

그래서 나는 다시 영어를 공부하기로 마음먹고 바로 영어학원에 등록했다. 평일 아침마다 하루도 빠짐없이 학원에 나가 열심히 영어를 공부하면서 학창시절과는 또 다른 재미를 느끼고 있다. 예상은 했지만 학원 수강생들은 대부분 20대 초·중반의 대학생이나 취업준비생들이어서 내 나이가 가장 많은 편에 속한다. 처음에는 나보다 열 살은 더 어린 친구들과 같이 스터디를 하고, 발표를 하는 게 어색했지만 점차 익숙해졌다. 나이는 숫자에 불과하다는 말에 동의하지는 않지만, 꿈꾸는 미래가 있고 공부할 의지가 있다면 나이쯤은 장애물이 될 수 없다는 사실을 몸소 체험하고 있다.

미겔 데 세르반테스의 소설 《돈키호테》에서 자유를 갈망하는 시골 기사의 대사 중에 잊을 수 없는 명언이 있다.

"이룰 수 없는 꿈을 꾸고, 이루어질 수 없는 사랑을 하고, 싸워이길 수 없는 적과 싸움을 하고, 견딜 수 없는 고통을 견디며, 잡을 수 없는 저 하늘의 별을 잡자."

이룰 수 없는 꿈을 꾸라는 말이 가슴에 와 닿는다. 세상을 바꾼 결정적인 사건은 이룰 수 없을 것 같은 일에 도전하면서 생겨난 일이 대부분이다. 어디까지나 이상일 뿐이라며 생각에만 그칠 것이 아니라 평범해 보이는 일상 속에서 이룰 수 없을 것 같은 꿈이 뭐가 있을지 떠올려 보자. 한 번이라도 이를 실천해 보려고 애쓴 적이 있는가. 이룰 수 없는 게 아니라 시도하지 않아서 실현되지 않았을 뿐이다.

1년 전, 매일 매일 쏟아지는 홈쇼핑 방송을 기계처럼 소화하면서 문득 떠오른 생각이 하나 있었다.

'내가 원하는 시간에, 원하는 사람들과, 원하는 만큼의 돈을 벌며 일하고 싶다.'

홈쇼핑을 만나기 전, 20대의 나였다면 말도 안 된다고 생각했을 것이다. 하지만 방송 경력이 더해가면서 꿈에 있어서도 내공이 생겼는지 나도 모르게 그렇게 해야겠다고 마음먹고 있는 것이 아닌가. 더 이상 하루 온종일을 회사에서 보내고 10만 원 정도의 돈을 버는 것에 만족하며 현실에 안주하지 않겠다고 다짐했다. 또 직업보다 직장을 중시하는 사회의 선입견에도 휩쓸리고 싶지 않았다. 나만의 경험을 콘텐츠로 만들고 수입의 다각화 시스템을 갖춰 1인 기업가가 되어야겠다는 강력한 동기부여가 나를 행동하게 만들었다.

작가이자 사업가, 연설가인 팀 페리스에 대해 들어 본 적이 있을 것이다. 아마존, 뉴욕타임즈 베스트셀러 1위에 빛나는 그의 책 《나는 4시간만 일한다》는 전 세계 35개국에 번역 출간되면서 수많은 사람들에게 시간의 질을 중시하는 뉴 리치의 삶을 제시한 바 있다. 이후 자신이 진행하는 팟캐스트 방송 〈팀 페리스 쇼〉에 '세상에서 가장 성공한 인물 200명'을 출연시켜 인터뷰하고 이들의 다양한 성공 비결을 자신의 삶에 직접 적용해 얻은 깨달음과 경험을 토대로 또 하나의 베스트셀러 《타이탄의 도구들》을 출간했다. 이 책을 보면 세계 최고, 일명 타이탄으로 불리는 사람들과 평범한 사람들의 차이는 아주 작은 데서 출발한다는 것을 알 수 있다. 다음은 책의 서문에 실린 내용이다.

"한 가지는 분명하다. 이 책에 등장하는 세계적 클래스의 타이탄들에게는 초능력이 없었다. 대신 그들에게는 뚜렷한 '목표(계획)'가 있었다. 물론 우리에게도 목표가 있다. 다만 결정적인 차이가 하나 있다. 타이탄들이 갖고 있는 목표는 종종 일반 사람의 눈에는 정말 터무니없거나 실현 불가능한 것처럼 비친다는 것이다. 그들의 이 '말도 안 되는 목표'는 상식을 뛰어넘는 질문들로 나타나곤 한다. (중략)

우리는 미래를 창조할 수 없다. 그건 신의 영역이다. 대신 우리는 현실을 새롭게 조정할 수 있는 힘을 갖고 있다. 그 힘은 인공적인 제약과 한계를 뛰어넘는 담대한 목표와 질문에서 출발한다."

1년 후의 내가 어떤 모습일지 나는 장담할 수도 심지어 예측할 수도 없다. 하지만 한 달 뒤 내가 목표한 바에 가까워지기 위해 오늘 무엇을 해야 하는지는 아주 잘 알고 있다. 말도 안 되는 목표에 대한 결과는 오늘 내가 실천한 것들의 집합으로 이루어진다는 것을 명확히 인지하고 있기 때문이다. 꿈이 있는 사람은 지치지 않고, 앞으로 나아가게 되어 있다. 꿈을 이루어 가는 과정에서 스스로 성장하고 남을 돕고 사회에도 좋은 보탬이 되는 것은 당연한 일이다.

라디오 부스에서 뉴스 스튜디오로, 대기업 사무실과 홈쇼핑 스튜디오를 거쳐 온 내 여정은 앞으로도 생각지 못한 곳으로 이어질 예정이다. 누가 시켜서가 아닌 내 꿈이 연료가 되고 원동력이 되는 삶을 살자. 구속될 일도 없고 늦지도 않는 신선한 경험이 당신을 기다리고 있다.

# 08

# 나는 홈쇼핑에서
# 인생을 배웠다

태도는 나의 과거를 보여 주는 도서관, 나의 현재를 말해 주는 대변인,
나의 미래를 말해 주는 예언자다. 인생이 우리를 대하는 태도는 내가 인생을 대하는 태도에 달려 있다.
태도가 결과를 결정한다.

**– 존 맥스웰**

환경이 사람을 만든다는 말에 어느 정도 공감하는가? 물론 가
장 중요한 것은 스스로의 강한 의지라고 할 수 있다. 하지만 주변
환경이 어떠냐에 따라 아무리 굳건한 의지라도 흔들리기 마련이
다. 10년 동안 방송을 진행하면서 지방과 서울을 오가며 다양한
사람들을 만났다. 그러면서 내린 결론은 '지금 내 주변에 있는 사
람들이 내 인생의 방향을 결정짓는다'는 것이다. 이 말에 당신이
어떤 사람들을 떠올렸을지 궁금하다.

오늘 아침 출근길에 본 무표정한 이름 모를 사람들, 모니터에
코를 박고 키보드를 두드리고 있거나 바쁘게 전화 통화를 하며
왔다 갔다 하는 회사 사람들, 퇴근 후 스트레스 해소용 수다를
위해 만난 꿈이 없는 친구들 등 혹시 지금 이런 환경에 둘러싸여

있다면 긴장해야 한다. 생각대로 사는 게 아니라 사는 대로 생각하는 게 당연해질지도 모르는 위험한 환경에 놓여 있으니 말이다.

나는 대학 재학 시절 울산KBS에서 리포터로 일했지만, 아나운서 준비를 위해 오래 일하지 못하고 그만두었다. 그리고 2년 후, 방송국 사람들을 제대로 만난 곳은 전문 진행자로 일하게 된 울산MBC였다. 지방에서 해당 지역의 지상파 방송국은 선망의 대상이다. 또 지역 주민들의 이목이 집중되어 있기에 방송의 파급력역시 큰 편이다.

나는 라디오 프로그램의 DJ로 방송을 시작했는데 입사 후 지금까지와는 완전히 다른 새로운 세상에 들어온 기분이 들었다. 자신의 일을 천직으로 여기며 최선을 다해 즐겁게 일하는 방송인들을 만났기 때문이다.

특히 라디오 진행자 선배 중에는 3~4년 이상 같은 프로그램을 이끌어가고 있는 베테랑 진행자들이 많았는데, 이들은 자신의 라디오 프로그램과 청취자들을 삶의 원동력으로 여기고 있었다. 아침에 눈을 뜨면서부터 하루를 마무리할 때까지 줄곧 어떻게 하면 더 좋은 방송을 만들 수 있을지 고민했고 그 고민을 전혀 스트레스로 여기지 않았다. 방송이 끝나면 꼭 동료들끼리 모여 오늘 방송이 어땠는지에 대해 자유롭게 이야기하고, 여가시간에 생긴 에피소드나 다른 미디어에서 발견한 재미있는 아이템이 있으면 어떻게 자신의 방송에 녹일 수 있을지 늘 아이디어를 구상했다.

일과 자기 자신이 서로 윈윈하는 것은 바로 이를 두고 하는 말이 아닐까. 이런 모습은 울산MBC에 입사하기 전에 다닌 대기업 사무실 속 사람들에게서 전혀 본 적 없는 것들이었다. 자신이 정말 좋아하는 일을 돈을 받으면서 하고 있으니 일을 대하는 태도 역시 긍정적이고 발전적이었던 것이다.

스물다섯, 나이는 성인이지만 마인드와 태도 모두 미성숙했던 내가 방송인이 되고 난 뒤에도 겉멋이 들지 않을 수 있었던 것은 그곳에서 만난 사람들 덕분이었다. 그들이 가진 건강한 마인드, 즉 일에서 배움을 찾고 비전을 꿈꾸는 모습에서 방송인이라면 꼭 갖춰야 할 내면의식을 배울 수 있었다.

그리고 그런 환경 속에서 2년 가까이 지내다 보니 내 의식의 패턴 역시 존경하던 선배들의 모습과 조금은 닮아 있었다. 하루하루 즐겁고 성실하게 방송했고 내실을 채우려 애썼다. 방송의 질을 높이기 위해 선곡, 원고 작성, 사연을 소화하는 커뮤니케이션 능력을 꾸준히 연마했다.

또 방송을 접할 시청자가 조금이라도 기분 좋은 에너지를 얻어가려면 진행자 자체의 아우라나 에너지가 밝고 긍정적이어야 한다고 생각해 나 역시 그런 상태를 유지하려 노력했다. 이 정도면 환경이 얼마나 큰 영향을 미치는지 이해가 될 것이다.

이후에도 다른 방송국으로 이직하면서 많은 사람들을 만났지만 방송인으로서 첫 단추를 제대로 꿰게 해 준 울산MBC 사람들은 내 직업적 은인이나 다름없다. 그곳에서 배운 가치관을 이어지는 방송에서도 계속해서 실천했으니 말이다.

그리고 스물아홉, 내 인생에 또 한 번의 도약이 된 삼성전자 입사 그리고 홈쇼핑 방송은 또 다른 세상의 문을 열어 주었다. 방송만 할 줄 알았지 홈쇼핑에 대한 지식, 영업 조직 경험, 세일즈 감각이라곤 전혀 없었던 나에게 입사 후 1년은 암흑 같은 시절이었다. 뭔가를 해 보려고 해도 이도 저도 안 먹히니 자존감은 낮아질 대로 낮아져 결국 그냥 아무것도 하지 못하는 최악의 상태까지 가고 말았었다. 그때 나에게 힘을 주고 영감을 준 것은 역시 주변 사람들이었다.

역대 가장 많은 동료들을 만난 삼성전자, 그 안에서도 배우고 싶은 마인드를 가진 사람과 그렇지 않은 사람들이 있었다. 자신의 일을 남에게 떠맡기지 않고 끝까지 책임지는 사람이 있는가 하면 꽉 막힌 태도로 일방적인 지시만 내린 채 결과에 대해 남 탓을 하는 부류도 있다. 하지만 후자의 경우 동료들의 평가만큼이나 회사 내에서의 결말이 좋지 않았다. 동료들이 보는 관점이나 회사에서 지켜보는 관점이 다르지 않았던 것이다.

특히 안타까웠던 것은 평소 존경했던 분이 하드코어한 회사생활로 인해 변해 가는 모습을 봤을 때다. 기업은 당연히 이윤을 추구하고, 전체의 목표를 위해 개인의 희생이 반복된다. 그 안에서 정서가 피폐해지고 여유를 상실하다 보니 자신도 모르게 주체적인 삶이 아닌 회사를 위한 체스 말이 되어 가고 마는 것이다. 이런 주변 환경을 보며 자연스레 조직에 안주하기보다 체스 판의 주인으로서 할 수 있는 일을 찾아야겠다는 생각을 하게 되었다.

나는 특정 홈쇼핑사에 소속된 쇼호스트가 아니라 삼성전자 소속으로 각종 홈쇼핑사의 방송에 출연하는 전문 게스트였기 때문에 모든 홈쇼핑사별로 다양한 PD, MD, 쇼호스트를 만날 수 있었다. 그러면서 평소 존경했던 쇼호스트를 직접 만나 볼 수 있는 행운, 닮고 싶은 홈쇼핑 전문가들과 함께 방송하는 행운 모두를 누렸다. 그때의 내 모습은 신상 브랜드로 가득 찬 백화점에 들어가 어느 매장에 들어가 볼까 행복한 상상을 하며 두리번거리는 사람 같았다. 그저 조용히 저 사람은 미팅에서 어떤 이야기를 하는지, 방송 준비 과정에서 뭘 중시하는지, 생방송은 어떤 스타일로 진행하는지, 평소의 모습과 방송에서의 모습이 어떻게 다른지, 방송이 끝난 후 누구에게 공을 돌리는지 등을 세세히 지켜봤다.

가만히 살펴보니 방송을 준비하는 태도가 성실한 사람도 있고, 사전 미팅에서의 접근법이 독특하고 아이디어가 넘쳐 배울 점이 많은 사람도 있었다. 또 누군가는 연차가 상당히 높음에도 불구하고 누구에게나 겸손하게 대하며 경청하는 태도가 인상적이었고, 어떤 이는 방송 진행에서의 화법이나 태도가 너무나 세련되고 아우라가 넘쳐 닮고 싶었다.

자, 이쯤 되면 다음에 내가 뭘 했을지 예상되지 않는가. 나는 홈쇼핑 전문가들의 장점을 그대로 모방해 일과 삶에 적용하기 시작했다. 미팅을 준비할 때 뭘 중시해야 하는지, 고객의 관점에서 세일즈 토크를 짤 때 참조해야 할 것, 방송을 함께할 여러 사람과의 시너지를 일으키는 화법, 생방송에서 고객들이 선호하는 진행 스타일, 방송 이후 자체적인 평가를 어떻게 하는지, 다음 전략은 어떻게 구상하는지 등 매 방송, 매 순간 배울 것이 쏟아졌다. 어릴 적 풀었던 문제집의 해답이 답안지에 나와 있었다면, 내가 가야 할 길의 해답은 주변 사람들에 있었던 것이다.

홈쇼핑 전문 게스트 경험은 20대에 부딪힌 방송 진행자로서의 삶보다 훨씬 치열했지만 그만큼 유익했다. 단순히 홈쇼핑 방송을 잘하게 된 데 그친 게 아니라 인생을 바라보는 관점이 바뀌었기 때문이다.

이전의 나는 밝고 긍정적인 몽상가에 불과했다. 하지만 세일즈, 마케팅, 고객, 매출… 이런 단어들에 둘러싸이다 보니 매출을 높일 수 있는 구체적인 전략과 수치로 나온 결과에 대한 엄정한 피드백을 할 수 있게 되었다. 그러다 보니 새로운 목표를 향한 끊임없는 도전과 실행이 없으면 뒤처진다는 사실을 깨달았다. 전문가로 도약하기 위해서는 결과에 승복할 줄 알아야 한다. 그것이 매출이라는 숫자든, 업계의 평가든 혹은 스스로 내린 판단이든 말이다.

"자신과 가장 많은 시간을 보내는 다섯 사람의 합계가 곧 자신이다."라는 말이 있다. 내 삶을 객관적으로 평가하고 앞으로 더 멋지게 살아가고 싶다면 이 말을 꼭 기억해야 한다. 마음과는 다르게 주변 환경이 그대로라면, 매일 영양가 없는 이야기를 하는 사람들이 가득하다면 결코 남은 생은 달라지지 않을 것이다.

홈쇼핑이 내 인생 전반에 준 귀한 메시지는 변화를 즐기고, 낯섦과 친숙해져야 한다는 것이다. 세상에서 가장 두려운 것들에 익숙해져야만 남들과 다른 인생을 살 수 있다. 나는 홈쇼핑에서 진정한 삶의 교훈을 몸소 배우고, 또 한 번 성장했다.

# 나는 홈쇼핑에서
# 마케팅의 모든 것을 배웠다

초판 1쇄 인쇄 2018년 5월 04일
초판 1쇄 발행 2018년 5월 11일

| | |
|---|---|
| 지 은 이 | 심지민 |
| 펴 낸 이 | 권동희 |
| 펴 낸 곳 | 위닝북스 |
| 기     획 | 김태광 |
| 책임편집 | 김진주 |
| 디 자 인 | 박정호 |
| 교정교열 | 유관의 |
| 마 케 팅 | 강동혁 |

| | |
|---|---|
| 출판등록 | 제312-2012-000040호 |
| 주     소 | 경기도 성남시 분당구 수내동 16-5 오너스타워 407호 |
| 전     화 | 070-4024-7286 |
| 이 메 일 | no1_winningbooks@naver.com |
| 홈페이지 | www.wbooks.co.kr |

ⓒ위닝북스(저자와 맺은 특약에 따라 검인을 생략합니다)
ISBN  979-11-88610-54-9 (13320)

이 도서의 국립중앙도서관 출판도서 목록(CIP)은 서지정보유통지원시스템
홈페이지(http://seoji.nl.go.kr)와 국가자료공동목록시스템(http://www.nl.go.
kr/kolisnet)에서 이용하실 수 있습니다.(CIP제어번호: CIP2018012919)

위닝북스는 독자 여러분의 책에 관한 아이디어와 원고 투고를 설레는
마음으로 기다리고 있습니다. 책으로 엮기를 원하는 아이디어가 있으신 분은
이메일 no1_winningbooks@naver.com으로 간단한 개요와 취지, 연락
처 등을 보내주세요. 망설이지 말고 문을 두드리세요. 꿈이 이루어집니다.

※ 책값은 뒤표지에 있습니다.
※ 잘못 만들어진 책은 구입하신 서점에서 교환해 드립니다.